《国家人权行动计划(2016－2020年)》 实施情况评估报告

中国人权研究会
西南政法大学人权研究院　著

人民出版社

目　　录

前　　言

2016 年 9 月,中国政府发布了《国家人权行动计划（2016—2020 年）》（以下简称《行动计划》）,这是中国制定的第三期以人权为主题的国家规划,确定了 2016—2020 年国家尊重、保护和促进人权的目标和任务。

受国家人权行动计划联席会议机制委托,中国人权研究会、西南政法大学人权研究院对《行动计划》的实施情况开展评估。评估受托方组建了工作组和专家组,对照《行动计划》中的各项目标和任务,逐条核实分析有关部门和单位所涉行动计划任务执行、落实与完成情况。专家组组织人权专家前往东中西部若干代表性地区就本期行动计划的落实情况进行调研考察。通过线上与线下相结合的多种方式听取了社会各界人士的评价、反馈和意见建议,形成了《〈国家人权行动计划（2016—2020 年）〉实施情况评估报告》。

总体而言,2016—2020 年,中国政府坚持以人民为中心的发展思想,认真落实"尊重和保障人权"的宪法原则,采取切实措施,积极推动《行动计划》各项目标和任务的落实。中国政府着力解决人民群众最关心、最直接、最现实的权利和利益问题,着力保障和改善民生,重视保障贫困人口、困难群众和弱者权益,努力实现公平正义。中国人民的经济、社会和文化权利保障水平上了一个新台阶;公民权利和政治权利得到了更加有效的保障;少数民族、妇女、儿童、老年人和残疾人权利保障措施充分落实;人权知识普及和人权教育深入人心;国际人权领域的交流与合作成绩斐然。特别是中国完成消除绝对贫困的任务,全面建成小康社会,中国的人权保障水平显著提高,中国人民的获得感、幸福感、安全感显著增强。《行动计划》得到全面实施,168 项目标和任务全部完成,其中很多指标和任务提前或超额完成。

与此同时,作为最大的发展中国家,中国人权事业发展不平衡不充分的问题依然存在。与国家人权事业总体发展要求相比,与人民群众期待相比,有的权利的保障工作具有长期性,需要持之以恒地推进;有的权利的保障和落实工作还有进一步加强和提升的空间。我们期待,中国政府全方位做好第四期国家人权计划的实施工作,努力促进中国人权事业全面发展。

一、经济、社会和文化权利

2016—2020 年,中国政府不断深化改革,落实"十三五"规划在经济、社会和文化领域的各项要求,实施精准扶贫、精准脱贫,编撰民法典,采取一系列促进发展、惠及民生的重大举措,在高水准上保障了中国人民的经济、社会和文化权利。同时,在落实带薪年休假制度、保障灵活就业人员基本权益方面的工作有待进一步加强。

(一)工作权利

指标 1:实现比较充分和高质量就业。实施高校毕业生就业促进和创业引领计划。促进农村富余劳动力转移就业和外出务工人员返乡创业。对就业困难人员实行实名制动态管理和分类帮扶,做好"零就业"家庭帮扶工作。支持贫困地区建设县乡基层劳动就业和社会保障服务平台。实现城镇新增就业 5000 万人以上。

2016—2020 年,城镇登记失业率维持在 4.2% 以下的较低水平。就业结构更加优化,第三产业就业规模占比从2016年的43.5%升至2020年的47.7%。

发布《关于实施高校毕业生就业创业促进计划的通知》,在高校毕业生人数连年增长的背景下,毕业生就业水平保持稳定。

农民工总量从2016年的28171万人增加到2020年的28560万人,年均增加97万人。中西部地区劳动者就近就地就业和返乡创业增多,区域就业结构更趋合理。

2016—2020年,累计实现失业人员再就业2720万人、就业困难人员就业873万人。实施了"千校万岗"大中专学生就业精准帮扶行动,针对建档立卡贫困家庭毕业生、城市生活困难毕业生、零就业家庭毕业生等开展就业精准帮扶工作,帮助22.72万名学生实现就业。

2016—2020年,城镇新增就业6564万人,年均超过1300万人。

指标2:推行劳动者终身职业技能培训制度。开展贫困家庭子女、未升学初高中毕业生、农民工、失业人员和转岗职工、退役军人和残疾人免费接受职业培训行动。到2020年,累计培训农民工4000万人次,基本消除劳动者无技能从业现象。

制定了《新时期产业工人队伍建设改革方案》《职业技能提升行动方案（2019—2021年）》《关于提升公共职业技能培训基础能力的指导意见》。

2020年2月上线"技能强国——全国产业工人技能学习平台"，截至2020年12月31日，平台已累计培训职工1.075亿人次，登录用户1304.7万人，培训总时长达1775万小时以上。

面向农村转移就业劳动者、未就业高校毕业生、贫困劳动力、过剩产能企业职工等重点群体的"春潮行动"、"求学圆梦行动"、返乡农民工创业培训、新生代农民工职业技能提升、农民工稳就业职业技能培训、深度贫困地区技能扶贫、劳动预备培训、化解过剩产能企业职工特别培训计划等专项行动计划得到实施。

2016—2020年，共开展各类补贴性职业技能培训近1亿人次。其中，开展农民工培训超4000万人次，贫困劳动力培训约1000万人次。

指标3：进一步完善工资福利制度。健全工资水平决定机制、正常增长机制和支付保障机制，健全最低工资标准调整机制。继续推行企业工资集体协商制度。健全高技能人才薪酬体系，提高技术工人待遇，落实带薪年休假制度。

健全了工资水平决定、合理增长和支付保障机制。完善了最低工资标准调整机制,全面建立最低工资影响评估机制,最低工资标准调整与经济社会发展协调性和区域平衡性得到提高。

30个省(区、市)制定了41部推行企业工资集体协商的地方性法规或政府规章,20个省(区、市)将集体协商工作纳入地方党政目标考核体系。建成了省、市、县(区)三级集体协商指导员体系,截至2019年9月底,全国共有专职集体协商指导员6538人。22个省(区、市)和新疆生产建设兵团总工会建立了集体协商工作评价体系,多地开展了集体协商职工满意度测评。

建立企业薪酬调查和信息发布制度。目前国家、省、市三级企业薪酬调查体系已基本成型,为引导企业合理确定职工工资水平提供信息参考。

中共中央办公厅、国务院办公厅印发《关于提高技术工人待遇的意见》,明确完善符合技术工人特点的企业工资分配制度,全面改善技术工人待遇水平。

制定《技能人才薪酬分配指引》,引导企业建立多层级的技能人才职业发展通道,完善体现技能价值激励导向的工资分配制度。

全国 60 个城市的人力资源和社会保障基本情况数据显示,所在单位实行带薪年休假制度且具备休假条件的职工中,能够享受带薪年休假的人数比例为 60% 左右。

指标 4:**完善劳动保障监察执法体制和劳动人事争议处理机制。严禁各种形式的就业歧视,全面治理拖欠农民工工资问题,规范企业裁员行为,保障非正规就业劳动者权益,严格规范企业实行特殊工时制度的适用管理,依法加强对劳务派遣的监管。**

通过完善就业政策体系,加大不同形式的就业扶持力度,建立就业扶持长效保障机制,切实保证了妇女、残疾人、少数民族、戒毒人员等特定群体的平等就业权。

制定了《关于进一步加强劳动人事争议调解仲裁完善多元处理机制的意见》《关于进一步加强劳动人事争议仲裁与诉讼衔接机制建设的意见》《关于加强劳动人事争议调解仲裁法律援助工作的意见》,修订了《劳动人事争议仲裁办案规则》《劳动人事争议仲裁组织规则》,以劳动争议调解仲裁法为主干,以规章政策和地方性法规规章相配套的法律政策体系逐步完善。

制定了《保障农民工工资支付条例》《关于全面治理拖欠农民工工资问题的意见》《治欠保支三年行动计划

（2017—2019）》《保障农民工工资支付工作考核办法》《拖欠农民工工资"黑名单"管理暂行办法》《关于对严重拖欠农民工工资用人单位及其有关人员开展联合惩戒的合作备忘录》《根治欠薪问题 2019 行动方案》。国务院和各省（区、市）成立根治拖欠农民工工资工作领导小组，加大对欠薪违法行为的打击力度，进一步畅通农民工举报投诉渠道，落实属地监管责任，加强欠薪失信联合惩戒，印发《关于实施"护薪"行动全力做好拖欠农民工工资争议处理工作的通知》，建立拖欠农民工工资争议处理长效机制，畅通农民工工资争议处理"绿色通道"。2016—2020 年，各级工会配合有关部门共为 509.86 万农民工追回被拖欠工资 532.51 亿元。

贯彻劳动合同法等法律法规，依法规范企业用工和裁员行为，保障被派遣劳动者合法权益，出台维护新就业形态劳动者权益的相关政策。优化了对企业实行特殊工时制的审批服务。

指标 5：加强安全生产防控。到 2020 年，各类生产安全事故死亡人数累计降幅 10%，亿元国内生产总值生产安全事故死亡率累计降幅 30%。

2020 年，各类生产安全事故死亡人数为 27412 人，相较

2015 年下降 38.8%;亿元国内生产总值生产安全事故死亡率为 0.027,相较 2015 年下降 58.5%。

指标 6:加强职业病防治。职业病危害严重的行业领域劳动者在岗期间的职业健康检查率达 90% 以上,用人单位主要负责人和职业卫生管理人员的职业卫生培训率分别达 95% 以上。

煤矿、非煤矿山、冶金、建材等职业病危害重点行业领域劳动者在岗期间的职业健康检查率为 97.0%;主要负责人培训率为 97.9%,职业健康管理人员培训率为 98.0%。

(二)基本生活水准权利

指标 7:确保城乡居民收入增长与经济增长同步。到 2020 年国内生产总值和城乡居民人均收入比 2010 年翻一番。努力增加低收入劳动者收入,扩大中等收入者比重。

2020 年,国内生产总值达到 1015986 亿元,较之 2010 年的 412119 亿元,增幅为 93.7%(按不变价格计算);全国居民人均可支配收入 32189 元,较之 2010 年的 12520 元,增幅为 157.1%,增长速率与经济增长基本保持同步。按全国居民五等分收入分组,低收入组人均可支配收入 7869 元,较之于 2015 年的 5221 元,增长 50.7%;中间收入组人均可支配收入 26249 元，较之于 2015 年的 19320 元，增长 35.9%。

指标 8：贯彻落实《中共中央　国务院关于打赢脱贫攻坚战的决定》，实施精准扶贫、精准脱贫方略。到 2020 年，实现特色产业脱贫 3000 万人，转移就业脱贫 1000 万人，实施易地扶贫搬迁 1000 万人，对其余完全或部分丧失劳动能力的贫困人口实行社保政策兜底脱贫 2000 万人。实现现行标准下的农村贫困人口全部脱贫，贫困县全部摘帽。

精准扶贫、精准脱贫方略得到全面落实，脱贫攻坚目标任务全面完成，9899 万农村贫困人口全部脱贫，832 个贫困县 12.8 万个贫困村现行标准下 9899 万农村贫困人口全部脱贫，832 个贫困县全部摘帽，12.8 万个贫困村全部出列，区域性整体贫困得到解决，完成了消除绝对贫困的艰巨任务。将就业作为贫困群众增收的主要渠道，贫困劳动力务工规模从 2015 年的 1227 万人增加到 2020 年的 3243 万人。坚持群众自愿原则，易地扶贫搬迁 960 多万贫困人口，新建了约 3.5 万个集中安置社区。落实兜底保障政策，1792 万贫困人口纳入低保范围，144 万贫困人口纳入特困救助供养范围。

指标 9：保障住房安全。改造各类城镇棚户区住房2000万套，加强对贫困地区的支持，推动居住证持有人享有与当地户籍人口同等的住房保障权利。推进农村危房改造，统筹开展农房抗震改造，基本完成存量危房改造任务。

2016—2020年，全国开工改造各类棚户区2300多万套，帮助5000多万棚户区居民改善了住房条件。

2016—2020年，累计完成522.4万户建档立卡贫困户农村危房改造，同步支持242.4万户低保户、分散供养特困人员、贫困残疾人家庭等贫困群体改造危房，贫困人口全面实现住房安全有保障。

截至2020年，913万符合条件的稳定就业外来务工人员享受了公租房保障。2019年底以来，在广州、南京、杭州等13个城市开展了完善住房保障体系试点工作，探索和发展保障性租赁住房制度。截至2020年，全国600多万新市民享受了公租房保障。

指标 10：保障用水安全。全国新增供水能力270亿立方米，城镇供水水源地水质全面达标。实施农村饮水安全巩固提升工程，农村自来水普及率达80%以上，农村集中供水率达85%以上。

通过实施农村饮水安全巩固提升工程建设，解决了

1710 万贫困人口饮水安全问题、975 万农村人口饮水型氟超标问题和 120 万农村人口苦咸水问题。截至 2020 年,全国农村集中供水率达到 88%,自来水普及率达到 83%,提升了 2.7 亿农村人口供水保障水平。

指标 11:确保食品安全。深入贯彻实施食品安全法,全面落实食品安全属地监管责任。加强进口食品安全监管。实施科学监管,建立职业化检查员队伍。健全食品安全信用体系,完善消费者权益保护机制。

严格实施食品安全法及其实施条例。制定了《食品生产许可管理办法》《食盐质量安全监督管理办法》《食品安全监督检查管理办法》等配套文件,编写了重点食品现场监督检查操作手册,食品生产监管制度建设得到持续推进。

明确了各级食品生产监督检查事权清单,加强了重点食品监督检查,开展了重点食品质量安全提升行动,严肃查处各类食品安全问题。开展了进口食品"国门守护"行动。

推进食品销售风险分级动态管理,截至 2020 年,北京、天津、上海、安徽、重庆已实现风险分级全覆盖,29 个省份完成 70% 覆盖率的目标。开展了食品生产监管人员和企业食品安全管理人员线上培训、食品经营监管业务培训班、食品生产检查员培训,提升了基层监管人员和一线管理人员食品安全管理水平,基本实现全系统食品生产检查人员培训全覆盖。

健全食品安全信用体系,完善消费者权益保护机制,要求从事冷藏冷冻食品贮存业务的非食品经营者向所在地县级市场监管部门备案,截至 2020 年,全国共备案第三方冷库 8656 个。2020 年,开展了农村假冒伪劣食品专项整治,农村食品风险隐患减少。

指标 12:改善城乡居民出行条件。国家高速公路主线基本贯通。具备条件的县城通二级及以上公路,乡镇和建制村通硬化路、通客车。

国家高速公路主线基本贯通,全国高速公路通车里程达到 16.1 万公里。2016—2020 年,贫困地区已改造建设国家高速公路约 1.7 万公里、普通国道 5.3 万公里,贫困县城基本实现了二级及以上公路覆盖,部分贫困县通高速公路。截至 2020 年,具备条件的乡镇和建制村实现了通硬化路、通客车、通邮路。

(三)社会保障权利

指标 13:实施全民参保计划,稳步提高社会保障统筹层次和水平。建立更加便捷的社会保险转移接续机制。实

施社会保障卡工程,持卡人口覆盖率达到90%。

建成覆盖13.9亿人基础数据的国家全民参保数据库,大力实施全民参保计划,基本实现法定人员全覆盖。社会保险关系转移接续更加顺畅便利。

截至2020年,全国社保卡持卡人数达到13.35亿人,覆盖95%人口。电子社保卡申领达到3.67亿张。

指标14:完善统账结合的城镇职工基本养老保险制度,实现职工基础养老金全国统筹,推出税收递延型养老保险。到2020年,符合参保条件的城乡居民参保率达到95%。

2018年起建立企业职工基本养老保险基金中央调剂制度,调剂比例从3%起步,2020年提高至4%。企业职工基本养老保险省级统筹制度进一步规范,所有省份均启动实施了基金省级统收统支。截至2020年,全国城镇职工基本养老保险和城乡居民基本养老保险参保人数分别达到4.56亿人和5.42亿人。

截至2020年4月底,税收递延型商业养老保险试点累计实现保费收入3亿元,参保人数4.76万人。截至2020年,基本养老保险参保率达到90%。

指标15:健全医疗保险制度。城乡医保参保率稳定

在 95% 以上。全面实施城乡居民大病保险制度。健全医疗保险稳定可持续筹资和报销比例调整机制。加快推进基本医保全国联网和异地就医结算,实现符合转诊规定的异地就医住院费用直接结算。将生育保险和基本医疗保险合并实施。

截至 2020 年,全口径基本医疗保险人数达 136100 万人,参保率稳定在 95% 以上。

2020 年 10 月,国家在城乡居民医保基础上建立大病保险,覆盖超过 10.2 亿名参保居民。

医疗保险稳定可持续筹资和报销比例调整机制得到不断完善。2015 年至 2020 年,各级财政年人均补助标准逐年上升,由 380 元提高到不低于 550 元。

截至 2020 年,住院费用跨省结算定点医疗机构数量为 4.44 万家。国家平台累计直接结算 724.83 万人次。京津冀、长三角等 12 个门诊费用直接结算先行试点省份开通联网医疗机构 1.02 万家,联网定点药店 1.18 万家,门诊费用跨省累计直接结算 302 万人次。

2020 年 1 月起,生育保险基金并入职工基本医疗保险基金核算。

指标 16:继续扩大失业保险覆盖面,确保为符合条件

的失业人员按时足额发放失业保险金并提供相关的再就业服务。

2020年底,失业保险参保人数2.17亿人,比2015年末增加0.44亿人。2020年,1337万人领取各类失业保险待遇,较2015年提升192%,达到失业保险制度建立以来的最大值。积极提供再就业服务,累计实现失业人员再就业2720万人,就业困难人员就业873万人。

指标17:全面实施工伤保险省级统筹,强化工伤保险待遇支付保障,制定工伤预防费使用管理办法,完善工伤康复服务体系。到2020年,基本实现工伤保险法定人群全覆盖。

实施了《工伤预防费使用管理暂行办法》。截至2020年,全国31个省(区、市)和新疆生产建设兵团全面实现工伤保险基金省级统筹,工伤保险基金的使用效率及共济能力得到增强。截至2020年,全国工伤保险参保人数达到26763万人,基本实现工伤保险法定人群全覆盖的目标。

推进工伤康复服务体系建设,充分发挥全国第一批区域性工伤康复示范平台在康复体系建设、规范管理中的作用。

指标18:统筹推进城乡社会救助体系建设。将所有

符合低保条件的贫困家庭纳入低保范围。进一步健全特困人员救助供养制度,提升特困人员救助供养水平。全面实施临时救助制度,全面推开"救急难"工作。加强基层未成年人保护服务设施和流浪乞讨救助管理机构建设。

截至 2020 年,全国城市低保人数 805.3 万人,农村低保人数 3621.5 万人,所有符合低保条件的贫困家庭皆纳入低保范围。

城市"三无"人员救助制度与农村"五保"供养制度合并为特困人员救助供养制度,在资金筹集、供养标准等方面实现城乡统筹。截至 2020 年,全国共有城市特困人员 31.1 万人,基本生活平均标准 11257.1 元/人每年;农村特困人员 446.5 万人,基本生活平均标准 8568.8 元/人每年。

临时救助制度全面实施。在全国 300 个单位开展了"救急难"综合试点,2020 年全国共计实施临时救助 1341.1 万人次,平均救助水平 1114 元/人次。

基层未成年人保护服务设施建设不断加强。在条件适宜的县(市、区)普遍依托现有社会福利设施建设县级未成年人保护设施,提供儿童临时监护照料和家庭服务。2016—2020 年,累计救助流浪乞讨人员 902.4 万人次,其中未成年人 41.4 万人次。

指标 19：健全自然灾害救助体系,调整完善自然灾害生活救助政策,实施全国自然灾害救助物资储备体系建设等重大项目。

修订《自然灾害救助条例》《国家自然灾害救助应急预案》,完善中央财政自然灾害生活补助政策,大幅提高灾害应急救助、过渡期生活救助、倒损民房恢复重建和因灾遇难人员家属抚慰金等中央补助标准。在多灾易灾地区建设了市级和县级救灾物资储备库。在各类重特大自然灾害中,及时启动国家救灾应急响应,下拨中央自然灾害救灾资金,调拨中央救灾物资,妥善安置受灾群众。

指标 20：健全以扶老、助残、爱幼、济困为重点的社会福利制度,加强福利设施建设。

修改老年人权益保障法,完善养老服务制度,提升养老服务质量。

印发《关于贯彻落实残疾人两项补贴制度有关政策衔接问题的通知》,确定国家层面两项补贴政策衔接的原则和操作办法。

将儿童福利机构抚养的0—6岁儿童和社会散居孤儿全部纳入残疾儿童康复救助体系。实施"福彩圆梦·孤儿助学工程"项目和"孤儿医疗康复明天计划"项目,切实保障孤弃儿童生存权和发展权。

截至 2020 年,全国养老机构和设施总数达到 31.9 万个,各类养老床位数达到 823.8 万张;全国共有儿童福利机构 1217 家,精神卫生福利机构 144 家。

指标 21:实施慈善法,支持慈善事业发展。

慈善法得到有效实施。优化了相关激励性政策措施,允许企业公益性捐赠超过年度利润总额 12% 的部分向后结转在三年内税前扣除,简化慈善组织获得公益性捐赠税前扣除资格的条件,完善审核程序,明确符合有关条件的捐赠物资享受进口免税待遇。

指标 22:落实国务院户籍制度改革方案,取消农业户口与非农业户口性质区分,建立城乡统一的户籍登记制度。全面实施居住证暂行条例,推进居住证制度覆盖全部未落户城镇常住人口。促进公民平等发展、共享成果,享受均等化的社会保障。

全国已有 31 个省份出台了户籍制度改革方案,普遍取消农业与非农业户口性质区分,城乡统一的户口登记制度建立。居住证制度得到进一步完善。截至 2020 年,已经顺利实现了 1 亿非户籍人口在城镇落户的目标。推动地方逐步探索建立城乡双向流动的户口迁移政策。

（四）财产权利

指标 23：有序推进民法典编纂工作，完善财产保障制度。

2020 年 5 月 28 日民法典通过，进一步完善了所有权、用益物权和担保物权等财产保障制度，完成相关行政法规、地方性法规和司法解释的清理工作。

指标 24：推动土地管理法修改及其配套法规立法工作。对农村集体所有土地征收、集体经营性建设用地入市、宅基地管理、不动产权属调处等制度进行积极探索，适时开展立法研究工作。

修改了土地管理法、城市房地产管理法。完善土地征收制度，缩小土地征收范围，规范土地征收程序，健全对被征地农民的保障机制；建立了集体经营性建设用地入市制度，明确规定了集体经营性建设用地入市的条件、要求、权利和义务、管理措施等，保障土地所有权人和使用权人的合法权益；完善宅基地管理制度，进一步下放宅基地审批权，合理规划宅基地布局，允许进城落户的农村村民依法自愿有偿退出宅基地，鼓励农村集体经济组织及其成员盘活利用闲置宅基地和闲置住宅。

指标 25：完成农村承包经营地、宅基地、农房、集体建设用地确权登记颁证。继续落实征地制度改革工作。稳定农村土地承包关系，完善土地所有权、承包权、经营权分置办法，依法推进土地经营权有序流转。完善集体经济组织成员认定办法和集体经济资产所有权实现形式，将经营性资产折股量化到本集体经济组织成员。

截至 2020 年，全国共有 2838 个县（市、区）和开发区基本完成了农村承包地确权登记颁证，全国承包地确权面积达到 15 亿亩，给 2 亿农户颁发了土地承包经营权证书。

2015 年至 2019 年底，以"缩小征地范围、规范征地程序、完善对被征地农民合理规范多元保障机制"为目标，先后在 33 个县（市、区）进行了征地制度改革试点工作。

明确第二轮土地承包到期后再延长 30 年。民法典物权编增加土地经营权的规定。2018 年，修改了农村土地承包法，对土地承包权作了专门规定。加强了土地经营权流转管理与服务，截至 2020 年，全国已有 1474 个县（市、区）、2.2 万个乡镇建立农村土地经营权流转市场或服务中心，全国农村土地（耕地）经营权流转面积达到 5.32 亿亩。

制定《农村集体经济组织示范章程（试行）》，保障农民集体资产股份权利。截至 2020 年，全国共确认集体成员 9

亿多人,超过 53 万个村完成集体经营性资产股份合作制改革,50 万个村领到农村集体经济组织登记证书。

指标 26:依法合规界定企业财产权归属,保障企业的自主经营权。

坚持宽严相济刑事政策,修改了骗取贷款、票据承兑、金融票证罪等经济犯罪的入罪门槛,对民营企业因"融资门槛高""融资难"等出现的违规行为、没有诈骗目的、未给银行造成重大损失的,一般不作为犯罪处理。截至 2020 年,全国登记在册市场主体 1.38 亿户,较 2019 年底增长 12.2%。其中,企业 4331.4 万户,增长 12.3%;个体工商户 9287.2 万户,增长 12.4%。日均新设市场主体从改革前的 3.1 万户增加到 6.8 万户,日均新设企业从商事制度改革前的 0.69 万户提高到 2.2 万户。

指标 27:全面落实不动产统一登记制度。

2017 年全国所有市县均已接入国家级信息平台,登记机构、登记簿册、登记依据和信息平台"四统一"的改革目标全面实现。截至 2020 年,全国累计颁发新版不动产权证书 1.83 亿本,不动产登记证明 1.36 亿份。

指标 28:加快构建自然资源资产产权制度,确定产权主体,创新产权实现形式。保护自然资源资产所有者权益,

公平分享自然资源资产收益。深化矿业权制度改革。建立健全生态环境性权益交易制度和平台。

制定《自然资源统一确权登记暂行办法》，初步搭建了自然资源确权登记制度框架，有序推进重点区域自然资源确权登记工作。完成海南热带雨林等 10 个国家公园体制试点区，以及长江干流（宜宾以下）、太湖等重点区域自然资源确权登记主体工作。启动海河流域漳卫南运河段、淮河干流中游段等 5 个林区自然资源确权登记。

印发了《矿产资源权益金制度改革方案》《自然资源部关于推进矿产资源管理改革若干事项的意见（试行）》。推广实施矿业权出让制度改革，全面推进矿业权竞争性出让，严格协议出让。

2020 年 12 月通过《碳排放权交易管理办法（试行）》，明确了有关全国碳市场的各项定义，对重点排放单位纳入标准、配额总量设定与分配、交易主体、核查方式、报告与信息披露、监管和违约惩罚等方面进行了全面规定。

指标 29：实施严格的知识产权保护制度。完善有利于激励创新的知识产权归属制度，建设知识产权运营交易和服务平台。

修改了著作权法，扩大了受保护作品的范围，完善了著作权侵权责任的规定。修改专利法,严格专利保护,进一步维护专利权人的合法权益,促进专利的实施和运用。修改商标法,有效规制恶意申请和囤积注册行为,加强对商标权利人的保护,保障消费者和生产者、经营者的利益,营造良好的营商环境。刑法修正案(十一)是自 1997 年以来首次完善有关知识产权犯罪的规定。

推动高校院所建立权利义务对等的专利转化收益分配机制,开展了专利许可转让备案监测,提高了专利转化率。"十三五"期间在全国布局建设 20 个知识产权运营服务平台(中心),拓宽知识产权交易和服务渠道。

截至 2020 年,建成 40 家知识产权保护中心和 22 家快速维权中心,建成国家海外知识产权纠纷应对指导中心和 10 家地方分中心。推动 5100 余万件国内商标基础数据、34 种专利基础数据面向社会公众开放。上线运行国家知识产权公共服务网,初步实现知识产权业务"一网通办"。通过新一代地方专利检索及分析系统,免费向社会公众和创新创业主体提供信息服务。

(五) 健康权利

指标 30:促进基本公共卫生服务均等化。完善国家

基本公共卫生服务项目和重大公共卫生服务项目,提高服务质量效率和均等化水平,适时调整基本公共卫生服务项目经费标准,项目经费继续向基层倾斜。鼓励社会力量兴办健康服务业,推进非营利性民营医院和公立医院同等待遇。

基本公共卫生服务均等化得到持续推进,人均基本公共卫生服务经费补助标准从2016年的45元提高到2020年的74元,将12类国家基本公共卫生服务项目和地方病防治等19项服务项目合并为基本公共卫生服务,相应经费按人均标准平移划转。以高血压、糖尿病为抓手,在山西等7省(市)试点探索慢病医防融合,提供了诊疗、预防等一体化服务。适龄儿童国家免疫规划疫苗接种率保持在90%以上,超过1亿人的高血压患者、超过3500万人的2型糖尿病患者、超过1亿人的65岁以上老年人享受到健康服务。2019年居民人均预期寿命提升至77.3岁,实现了人均寿命增长一岁的目标。

2020年人均基本公共卫生服务经费补助标准中新增的5元,全部落实到乡村和城市社区,主要用于基层应对疫情防控工作。

2016—2019年,社会办医疗机构的数量由44.1万个增长到 47.1 万个,诊疗人次数由 17.6 亿人次增长到 19.8 亿人次;民营医院数量由 1.6 万个增长到 2.2 万个,诊疗人次数由 4.2 亿人次增长到 5.7 亿人次,初步形成了社会办医与公立医院错位发展的格局。

指标 31:提升基层医疗卫生服务能力。以中西部地区为重点,每县重点办好 1—2 所县级公立医院(含县中医院),基层医疗卫生机构标准化建设达标率达 95% 以上。打造 30 分钟基层医疗服务圈。加强并规范化培养住院医师,每万人口全科医生数达到 2 名,每千人口执业(助理)医师数达到 2.5 名。

2016—2020 年,国家累计安排中央预算内投资 1415 亿元(其中中西部地区投资占比超过 92%),全国 5200 余个县级及以下医疗卫生机构建设得到有效支持。

截至 2020 年,全国共有 3.6 万所乡镇卫生院,3.5 万个社区卫生服务中心(站),60.9 万个村卫生室,基本实现每个乡镇都有 1 所公办乡镇卫生院,每个街道都有社区卫生服务机构,每个行政村都有 1 所卫生室。

2018 年有 89.9% 的家庭 15 分钟以内能够达到最近医疗点。西部农村地区 15 分钟内到达最近医疗点的家庭比例从 2013 年的 69.1% 提高到 2018 年的 82.6%。通过全科专业住院医师培训、助理全科医生培训、全科转岗培训、订单定向免费培养等多种途径培训全科医生。截至 2019 年，每万人口拥有全科医生 2.61 名。2020 年，每千人口执业（助理）医师数达到 2.9 名。

指标 32：加强重大疾病防控。加快推进国家和省级慢性病综合防控示范区建设，重大慢性病过早死亡率降低 10%。肺结核发病率降至 58/10 万。降低全人群乙肝病毒感染率，控制艾滋病疫情在低流行水平，基本消除血吸虫病危害，消除疟疾、麻风病危害。加强严重精神障碍诊断报告、随访管理服务，严重精神障碍患者管理率达到 85%。做好重点地方病防控工作，强化突发公共事件卫生应急和突发急性传染病防治能力建设。加强口岸卫生检疫能力建设，严防外来重大传染病传入。增加艾滋病防治等特殊药物免费供给。全面开展重特大疾病医疗救助。

截至 2020 年，累计建成国家级慢性病综合防控示范区 488 个，覆盖全国 17% 的县（区）。2019 年居民因重大慢性病过早死亡率为 16.5%，比 2015 年下降 10.8%。肺结核报告发病率从 2012 年的 70.6/10 万下降到 2019 年的 55.6/10 万。

艾滋病经输血传播基本阻断，母婴传播、注射吸毒传播降低到历史最低水平,检测发现比例显著提升,抗病毒治疗比例和治疗成功比例均达 90% 以上,全国艾滋病疫情持续控制在低流行水平。实施艾滋病"四免一关怀"政策,免费为艾滋病病人提供抗艾滋病病毒治疗药品。2020 年,统筹兼顾防疫防艾,避免艾滋病感染者因交通管制、居家隔离等不能及时获得抗病毒药物,确保治疗不中断。

2017 年至今无本地原发疟疾病例报告,如期实现全国消除疟疾目标。2020 年底全国 98% 以上的县(市)麻风病患病率控制在 1/10 万以下,血吸虫病流行县均达到传播控制、阻断或消除标准。截至 2020 年,全国所有重点地方病病区县实现控制消除目标。

在抗击新冠肺炎疫情过程中,突发公共卫生应急和突发急性传染病防治能力进一步加强。

指标 33:保障用药安全。完善基本药物制度,健全药品供应保障机制。健全药品检查、检验检测体系,加强药品不良反应监测。

印发《国家短缺药品清单管理办法(试行)》,制定国家短缺药品清单和临床必需易短缺药品重点监测清单,继续完善国家、省、地市、县四级监测网络和信息直报工作。

2019 年,制定基本医疗卫生与健康促进法、疫苗管理法,修订了药品管理法。成立"国家疫苗检查中心"。发布了《关于向疫苗生产企业派驻检查员的指导意见》,对疫苗批签发环节的安全性检验100%全覆盖。对部分易引发断供的疫苗品种,采取同步批签发等方式,缩短疫苗出厂供应的时间。成立国家监管体系评估(NRA)工作专班,加强与世界卫生组织的合作和沟通。

开展全国血液制品生产检查,加强国家集中采购中选药品生产、流通等环节的监督管理。发布了《药品质量抽查检验管理办法》《药品抽样原则及程序》《药物警戒质量管理规范》,加强药品抽检和不良反应监测。2016—2020年共完成国家药品抽检10.1万次,总体合格率为97.7%。严厉打击违法违规行为,持续推进中药饮片、执业药师"挂证"专项整治,开展麻醉药品、第二类精神药品等生产经营环节专项检查,严防流入非法渠道。开展药品网络销售违法违规行为整治,净化药品网络销售秩序。

指标34:落实《全民健身计划(2016—2020年)》。推动城市社区15分钟健身圈建设,实现基本公共体育服务乡镇常住人口全覆盖和行政村农民体育健身工程全覆盖。到2020年,每周参加1次及以上体育锻炼的人数达到7亿,经常参加体育锻炼的人数达到4.35亿,全国人均体育场地面积达到 1.8 平方米以上。

发布《城市居住区规划设计标准》,明确居住区养老服务设施和相关场地规划建设要求,统筹规划居住区养老服务设施、体育健身设施和文化设施。

2020 年,人均体育场地面积 2.2 平方米。全国 7 岁及以上人口经常参加体育锻炼人数比例达 37.2%。

(六) 受教育权

指标 35:实施《国家教育事业发展第十三个五年规划》,全面提升教育质量,促进教育公平。到 2020 年,劳动年龄人口平均受教育年限达到 10.8 年。

推进《国家中长期教育改革和发展规划纲要(2010—2020 年)》《国家教育事业发展第十三个五年规划》,推广国家通用语言文字,全国国家通用语言普及率达到 80.72%,保障了人民群众特别是少数民族群众的受教育权。截至 2020 年,劳动年龄人口平均受教育年限达到 10.75 年,比 2015 年提高 0.52 年。

指标 36:普及学前三年教育。扩大普惠性学前教育资源,学前三年毛入园率提高到 85%。继续加大对中西部地区和薄弱环节的支持力度,基本建成覆盖城乡、布局合理的学前教育公共服务体系。

推动各地以县为单位深入实施学前教育行动计划。2016—2020年,中央财政向中西部地区累计投入支持学前教育发展资金700多亿元,重点用于支持扩大普惠性学前教育资源、完善保障机制、资助家庭经济困难幼儿入园等。截至2020年,全国有幼儿园29.17万所,在园幼儿4818.26万人,全国学前三年毛入园率达到85.2%。

指标37:促进义务教育均衡优质发展。加快推进城乡义务教育一体化进程,加快义务教育公办学校标准化建设。全面改善贫困地区义务教育薄弱学校基本办学条件。着力保障随迁子女在流入地平等接受义务教育。完善留守儿童教育服务体系。

失学辍学问题得到历史性解决,20多万建档立卡贫困人口家庭的辍学学生实现动态清零。全国99.8%的义务教育学校办学条件达到"20条底线"要求,96.8%的县级单位实现义务教育基本均衡。

"十三五"期间,中央财政累计安排农村义务教育薄弱学校改造补助资金和义务教育薄弱环节改善与能力提升补助资金1638.5亿元;安排中央预算内投资380.8亿元,支持义务教育学校建设,重点支持集中连片特殊困难地区县、国家扶贫开发重点县、革命老区县、民族自治县、边境县等地区基础设施建设。2016—2020 年,"特岗计划"招聘教师 42.5 万人,乡村生活补助政策惠及中西部 8 万多所乡村学校近 130 万名教师。

85.5% 的义务教育阶段随迁子女在公办学校就读或享受政府购买学位服务。建成了中小学全国统一的学籍系统,随迁子女跨省转学实现全程网上办理;随迁子女实现生均公用经费基准定额和"两免一补"资金随学生流动可携带。

2016 年,首次摸底排查农村留守儿童 902 万人,其中义务教育阶段留守儿童 589 万人。实施农村义务教育学生营养改善计划,覆盖国家所有扶贫开发重点县,惠及近 3800 万名学生,农村儿童生长迟缓问题得到根本改善。

指标 38:普及高中阶段教育。促进普通高中多样化发展。继续加大对中西部贫困地区高中阶段教育的扶持力度。对建档立卡的家庭经济困难学生实施普通高中免除学杂费。到 2020 年,全国高中阶段教育毛入学率达到 90%。

印发《高中阶段教育普及攻坚计划(2017—2020 年)》《关于新时代推进普通高中育人方式改革的指导意见》《关于进一步激发中小学办学活力的若干意见》等文件,促进了高中多样化有特色发展。

"十三五"期间,中央财政累计安排改善普通高中学校办学条件补助资金 248 亿元;安排中央预算内投资 129.1 亿元,高中阶段教育毛入学率相对较低的集中连片特殊困难地区县、革命老区县、民族自治县、边境县等教育基础薄弱县普通高中基础设施建设得到重点支持。完成了对建档立卡的家庭经济困难学生免除普通高中学杂费的指标。2020 年,全国高中阶段学校达 2.44 万所,在校生 4127.80 万人,高中阶段教育毛入学率达 91.2%。

指标 39:完善职业教育体系和制度建设。修改职业教育法。推动产教融合发展,完善校企合作制度。完善职业教育人才多样化成长渠道。支持欠发达地区职业教育发展。逐步分类推进中等职业教育免除学杂费。实施国家基本职业培训包制度。

2020 年,中央教育工作领导小组第十二次会议审议通过了职业教育法(修订草案)。

发布《职业学校校企合作促进办法》,确立了职业学校校企合作制度。2016—2020 年,安排中央预算内投资 238 亿元,重点支持了 968 个产教融合实训基地建设。坚持育训并举,推动职业院校全面开展职业培训。职业院校年均培训各类人员 2376 万人次，与在校生数规模大体相当。持续开展国家级农村职业教育和成人教育示范县创建工作，截至 2019 年，已建成示范县（市、区）261 个。面向现职农村"两委"班子成员、新型农业经营主体、乡村社会服务组织带头人等群体开展学历职业教育，培育新型职业农民和农村实用人才。

从 2020 年秋季学期起，将戏曲表演专业和民族地区中等职业学校学生全部纳入免学费政策范围。

2016 年，发布《关于推进职业培训包工作的通知》。2017 年、2018 年先后开发了两批职业培训包，包括职业目录中的 25 个职业。正在开发第三批 26 个职业培训包。培训包明确了培训内容和培训方法，规范了培训过程，具有很强的针对性和实用性，对于规范和提高培训质量，提高劳动者素质和就业创业能力具有促进作用。

指标 40：促进高等教育发展。实施高等学校创新能力提升计划。深入实施中西部高等教育振兴计划，扩大重点高校对中西部和农村地区招生规模。

高等教育在校学生总规模 4183 万人，高等教育毛入学率达到 54.4%。

开展了首轮"双一流"建设，实施高校科研"珠峰计划"、本科"双万"计划、强基计划。已遴选国家一级本科专业建设点 8031 个,一流课程 5118 门。

实施中西部高等教育振兴计划,已有 106 所教育部所属和东部高水平大学对口支援 85 所中西部高校,实现西部 12 个省(区、市)和新疆生产建设兵团全覆盖。多所中西部高校实现"两院"院士、长江学者、杰青、千人计划等领军人才零的突破。扩大重点高校对中西部和农村地区招生规模,截至 2020 年,通过单独招生计划支持支援高校向受援高校定向招收博士研究生计划 2082 名、硕士研究生计划 552 名。

指标 41:大力发展继续教育。建立个人学习账号和学分累计制度,畅通继续教育、终身学习通道。支持各类高校、企事业单位和各类教育培训机构开展继续教育。

组建由 32 个部委、行业、高校、企业等机构组成的学习成果互认联盟。研发了能够支撑亿万级用户的学分银行信息平台。建立了覆盖 31 个省(区、市)、23 个行业,遍布城乡的学习成果认证服务体系。积极推进职业教育国家学分银行建设,已为社会成员及 1+X 证书(学历证书+若干职业技能等级证书)培训考核人员开设账户 8444720 个,存储 1+X 证书学习成果 106700 个,为试点院校及培训评价组织等机构建立学分银行账户 4463 个。

开展了"全民终身学习活动周"活动。2016 年，发布了《关于进一步推进社区教育发展的意见》，整合各类教育资源，促进全民终身学习。

国家开放大学联合 5 所地方开放大学和有关行业、院校、培训机构，开展继续教育学习成果认证、积累和转换试点。

指标 42：加强农村教师队伍建设。推动有关地方在连片特困地区实现乡村教师生活补助全覆盖，依据学校艰苦边远程度实行差别化的补助标准。推动各地逐步实行城乡统一的中小学教职工编制标准。推进城乡教师交流。加大对中西部乡村教师的培训。

中西部 22 个省份的 725 个集中连片特困地区县已实现乡村教师生活补助政策全覆盖，惠及 8 万多所乡村学校约 130 万名乡村教师。

统筹教师资源，加强教师配备，采取生师比与班师比相结合、实行附加编制、探索机动编制、建立编制周转池等多种形式补充教师，积极落实城乡统一的中小学教职工编制标准。

实施了"国培计划"，通过中西部项目和幼师国培项目集中支持乡村教师校长培训,采取顶岗置换、送教下乡、网络研修、短期集中、专家指导、校本研修等方式,对中西部地区乡村中小学幼儿园教师进行专业化培训。2016—2020年,中央财政转移支付资金共投入 102 亿元,用于培训中西部地区教师和校长,累计培训 822.6 万人次。

县(区)域内义务教育学校校长教师交流轮岗工作已逐步进入常态化。着力推进义务教育教师队伍"县(区)管校聘"管理改革,分两批共公布 49 个"县(区)管校聘"管理改革示范区。

指标 43:健全国家资助政策体系,实现家庭经济困难学生资助全覆盖。

完善奖助学金与国家助学贷款、学费贷款代偿等多种方式构成的资助体系全覆盖。2016—2020 年中央财政累计安排学生资助补助经费 2258 亿元。

摸清建档立卡、残疾学生等五类特殊困难学生的底数,发布了《关于做好家庭经济困难学生认定工作的指导意见》。2019 年秋季学期,124.9 万名家庭经济困难的高校新生通过"绿色通道"入学。持续实施重点高校招收农村和贫困地区学生专项计划,累计招收学生近 52 万人。

（七）文化权利

指标 44：加快推进公共图书馆法、文化产业促进法、公共文化服务保障法、电影产业促进法立法。修订文物保护法、著作权法及其配套行政法规。

制定了公共图书馆法、公共文化服务保障法、电影产业促进法，修订文物保护法。水下文物保护管理条例修订草案完成立法审查；文化产业促进法（草案送审稿）已报送国务院；2020 年修订著作权法。

指标 45：推进基本公共文化服务标准化、均等化。完善公共文化设施网络，加强基层文化服务能力建设。加大对老少边穷地区文化建设帮扶力度。加快公共数字文化建设。加强文化产品、惠民服务与群众文化需求对接。鼓励社会力量参与公共文化服务。继续推进公共文化设施免费开放。

2016—2020 年，中央财政共安排公共文化服务体系建设相关资金 1081.25 亿元，支持落实《国家基本公共文化服务指导标准（2015—2020 年）》和地方基本公共文化服务实施标准。截至 2020 年，全国共有公共图书馆 3212 个，博物馆 5788 家，文化馆 3321 个，乡镇综合文化站 32825 个，村级文化服务中心 575384 个,初步形成了覆盖城乡的公共文化设施网络。其中,中西部 22 个省(区、市)和新疆生产建设兵团累计建设村级综合性文化中心 351510 个,共 1847 个县(区、市)建成文化馆总分馆制,1690 个县(区、市)建成图书馆总分馆制,实现县域内公共文化资源共建共享。

广播电视由村村通向户户通升级,全国广播、电视节目综合人口覆盖率分别由 2015 年的 98.17% 和 98.77% 提升至 2020 年的 99.38% 和 99.59%。

2016—2020 年,中央财政每年安排 15.8 亿元,为边远贫困地区、边疆民族地区和革命老区选派、培养文化工作者。

2016—2020 年,中央财政共安排补助资金 29.44 亿元,为 11.3 万余个贫困地区的村文化活动室购置了基本文化服务设备,为贫困地区 916 个县级文化馆和中西部地区 850 个基层国有文艺院团配备了流动舞台车。

实施"十三五"文化旅游提升工程,累计安排中央预算内投资超 60 亿元,支持贫困地区县级广播电视播出机构制播能力建设、广播电视无线发射台站基础设施二期、少数民族新闻出版东风工程二期等新闻出版广播影视基础设施建设。2016 年以来,对贫困地区 3.2 万个行政村广播器材配置予以补助。2018 年以来,支持 442 个深度贫困县建设应急广播平台,健全传输覆盖网络,布置应急广播终端。

搭建国家公共文化云平台,推动各地开展地方文化云建设。推进"数字图书馆推广工程"建设,服务辐射 2760 个县级馆。实施公共数字文化工程,累计建设可供全国共享的数字资源约 1274TB。

2019 年开展"群星奖"评奖工作,各地举办群众文艺创作展演选拔 1.25 万场,观众达 1283 万人次。戏曲进乡村活动日益制度化、常态化、普及化,每年支持为 1.3 万个乡镇共配送约 7.8 万场戏曲为主的演出。多地运用现代数字技术,有效对接群众文化需求,为群众提供"订单式"文化服务。

发布了《关于进一步推进政府向社会力量购买公共文化服务工作的意见》。开展公共文化设施社会化运营试点。2020 年,举办全国公共文化和旅游产品云上采购大会,京津冀、大湾区、成渝地区举办区域性公共文化和旅游产品采购大会。

各级文化行政机构管理的图书馆、文化馆(站)、美术馆均已实现向社会公众免费开放。2016 年起,城市社区文化中心(街道文化站)正式纳入免费开放补助范围。全国备案博物馆 5788 家,免费开放比例达 89.1%。

指标 46:促进新兴文化产业发展,推进文化业态创新,大力发展创意文化产业。完善文化市场准入和退出机制,促进文化资源在全国范围内流动。

发布了《"十三五"国家战略性新兴产业发展规划》。中央财政文化产业发展专项资金"文化创意和设计服务与相关产业融合发展"重大项目支持动漫、游戏、网络文化、数字装备、数字艺术展示等新型文化业态,支持文化文物单位文化创意产品开发相关工作。

大幅度削减行政审批事项,全面清理规范中介服务事项,推进"互联网+政务",优化市场准入服务。调整《网络文化经营许可证》等审批范围,明确审批条件,市场退出机制进一步完善。

指标 47:构建中华优秀传统文化传承体系。加强世界文化遗产、文物保护单位、考古遗址公园、历史文化名城名镇名村保护,加强对非国有博物馆业务帮扶。推进国家非物质文化遗产保护利用设施建设工程和代表性传承人抢救性记录工程,实施国家非物质文化遗产传承人群研修研习培训计划。振兴传统工艺。实施中华典籍整理工程。

修订了《历史文化名城名镇名村保护条例》,发布了

《非国有博物馆章程示范文本》《关于进一步推动非国有博物馆发展的意见》。支持非国有博物馆纳入全国博物馆质量评价体系,参与国家一、二、三级博物馆定级评估和运行评估。开展藏品备案,规范非国有博物馆藏品管理,举办非国有博物馆馆长培训班。

2016—2020 年,安排中央预算内投资 10.53 亿元,补助 140 个国家非遗保护利用设施项目建设。推进非物质文化遗产记录工程,对 1044 名国家级非物质文化遗产代表性传承人开展记录。启动实施了中国非物质文化遗产传承人群研修研习培训计划,支持 121 所研培计划参与院校,举办研培超过 850 期,培训学员 3.3 万人次,加上各地延伸培训,共覆盖传承人群超过 10 万人次。

实施《中国传统工艺振兴计划》。有较强设计能力的企业、高校和相关单位在传统工艺项目集中地设立了 18 家工作站,形成了培训、研发、增收的良性循环。

发布了《"十三五"时期全国古籍保护工作规划》。已公布六批国家珍贵古籍 13026 部、全国重点古籍保护单位 203 家。全国古籍普查完成汉文古籍 270 余万部。完成《中华再造善本》(续编)出版工作,收录明代编、清代编、少数民族古籍编共计 583 种。《国学基本典籍丛刊》累计出版 87 种 598 册,《中国珍贵典籍史话丛书》累计出版 31 种 29 册。

指标 48：全面实施全民阅读工程。

全面实施全民阅读工程,完善制度设计。出台了《全民阅读"十三五"时期发展规划》,印发了《关于促进全民阅读工作的意见》。丰富内容供给,实施重点出版物出版规划、重大出版工程,组织了"中国出版政府奖""中国好书"等评选推荐活动。加强阅读服务,推动公共图书馆、农家书屋、社区书屋、实体书店等全民阅读基础设施建设,在全国广泛开展"书香中国"阅读推广活动。国民综合阅读率从 2016 年的 79.9% 攀升至 81.3%。

指标 49：加强互联网与网络文化建设。城镇地区实现光网覆盖,提供 1000 兆比特每秒以上接入服务能力,大中城市家庭用户带宽实现 100 兆比特每秒以上灵活选择;98% 的行政村实现光纤通达,有条件地区提供 100 兆比特每秒以上接入服务能力,半数以上农村家庭用户带宽实现 50 兆比特每秒以上灵活选择。实施网络内容建设工程,支持传统出版资源加快数字化转化,提高知识服务能力,鼓励推出优秀网络原创作品。

持续推进电信普遍服务、网络提速降费行动,固定宽带家庭普及率和移动宽带用户普及率分别达到 91% 和 96%，平均网络速率提升 7 倍以上，固定宽带和手机流量平均资费比 2015 年底下降 95% 以上，全国行政村和贫困村通光纤和 4G 比例提升至 98% 以上。建成了全球规模最大的光纤网络和 4G 网络，百兆宽带用户、4G 用户和光纤用户占比分别达 89.4%、81% 和 94%。5G 商用正式启动，建成 5G 基站超过 71.8 万个，5G 终端连接数超过 2 亿。新冠肺炎疫情期间，广覆盖、大容量的网络基础设施保障了流量集中爆发情况下的网络畅通。

实施网络内容建设工程。组织数字出版精品遴选计划、全国有声读物精品出版工程等重大工程，支持传统出版资源数字化转化；开展优秀网络文学原创作品推介活动，通过优秀作品的示范效应，引导网络文学坚持导向，不断创新，不断推出思想性、艺术性和可读性有机统一的优秀原创作品。

（八）环境权利

指标 50：切实落实环境保护法和大气污染防治法，完善环境公益诉讼等配套制度。有序推进水污染防治法、土壤污染防治法、核安全法等立法规划项目进程。

修订了水污染防治法、固体废物污染环境防治法、环境影响评价法、海洋环境保护法等法律,制定了土壤污染防治法、核安全法、生物安全法等法律。刑法修正案(十一)修改完善污染环境罪,增设了破坏自然保护地罪等有关环境污染的罪名,加大了对直接和间接污染环境行为的惩治力度。

水运行业应用新能源清洁能源力度增强。截至 2020 年,全国共建成岸电泊位 7500 余个,集装箱、邮轮、客滚、3 千吨级以上客运和 5 万吨级以上专业化泊位岸电设施覆盖率达 75%,建成内河 LNG 动力船舶 290 余艘。

2020 年,检察机关在生态环境和资源保护领域立案办理公益诉讼案件 8 万余件,比 2019 年上升 20.9%。

指标 51:坚持不懈治理大气污染。到 2020 年,地级以上城市空气质量优良天数比率超过 80%,细颗粒物(PM2.5)未达标地级以上城市浓度下降 18%,二氧化硫、氮氧化物排放总量减少 15%。

2020 年,全国地级及以上城市优良天数比率为 87%,细颗粒物(PM2.5)未达标地级及以上城市平均浓度相比 2015 年下降 28.8%,二氧化硫和氮氧化物排放总量较 2015 年分别下降 22.5% 和 19.7%。

指标 52：强化水污染防治。加大水源地污染治理和流域水污染防治,筛选七大流域优控污染物清单。到 2020 年,达到或好于 III 类水体比例超过 70%,劣 V 类水体比例小于 5%,地级以上城市建成区黑臭水体控制在 10% 以内。化学需氧量、氨氮排放总量减少 10%。地下水超采得到严格控制。

全国累计完成 2804 个县级水源地问题整治,提升了涉及 7.7 亿居民的饮用水环境安全保障水平。2020 年,1940 个国家地表水考核断面优良水体（I—III 类）比例为 83.4%,劣 V 类比例为 0.6%,化学需氧量和氨氮排放总量较 2015 年分别下降 13.8% 和 15.0%。

截至 2020 年,全国地级及以上城市（不含州、盟）黑臭水体消除比例 98.2%。省级及以上工业园区全部建成污水集中处理设施。

对存在地下水超采问题且地下水水位下降速率较大的地级行政区采取会商等方式进行督导。开展了全国取用水管理专项整治行动,依法规范地下水取用水行为,促进地下水资源合理开发利用。充分利用南水北调东中线工程调水,置换受水区城区地下水开采。

指标 53：制定实施土壤污染防治行动计划。到 2020

年,完成 200 个土壤污染治理与修复技术应用试点项目。建设 6 个土壤污染综合防治先行区,受污染耕地治理与修复面积达到 1000 万亩,轻度和中度污染耕地实现安全利用的面积达到 4000 万亩。

实施了《土壤污染防治行动计划》。200 余个土壤污染治理与修复技术应用试点项目全部完成。6 个土壤污染综合防治先行区建设取得明显成效。完成受污染耕地安全利用率达到 90% 左右,污染地块安全利用率达到 90% 以上的目标。

指标 54:加强危险废物污染防治。开展危险废物专项整治。加大重点区域、有色等重点行业重金属污染防治力度。加强有毒有害化学物质环境和健康风险评估能力建设。推进核设施安全改进和放射性污染防治,强化核与辐射安全监管体系和监管能力建设。

开展危险废物专项整治行动,提升了危险废物环境监管能力、利用处置能力和环境风险防范能力。新冠肺炎疫情期间全国医疗废物安全处置得到保障。开展了全口径涉重金属重点行业企业排查,重金属减排工程实施得到推进,重点行业、重点重金属污染物下降 10%。运行核电机组一直保持良好安全业绩,未发生过国际核事件分级 2 级及以上的事件或事故,周边辐射环境质量始终处于正常水平。放射源和射线装置 100%纳入许可管理,废旧放射源 100%安全收贮,未发生重大及以上辐射事故,放射源辐射事故年发生率保持在每万枚 1 起以下。

有毒有害化学物质环境和健康风险评估能力建设有待进一步完善。

指标 55:加强海洋资源环境保护。严格控制围填海规模,加强海岸带保护与修复,自然岸线保有率不低于 35%。实施陆源污染物达标排海和排污总量控制制度,建立海洋资源环境承载力预警机制。严格控制捕捞强度。加强海洋生态珍稀物种保护。实施海洋督查制度。

制定了《围填海管控办法》《国务院关于加强滨海湿地保护严格管控围填海的通知》。取消了围填海地方年度计划指标,国家重大项目新增围填海审批权全部上收至国务院。最大限度地控制新增围填造地项目的用海规模,同步强化生态保护修复,边施工边修复。开展了渤海综合治理攻坚战,实施了"蓝色海湾"整治行动,强化海岸带保护与修复。

通过《海岸线保护与利用管理办法》,明确了建立自然岸线保有率管控制度,并将管控目标分解至沿海省份。初步统计,全国自然岸线保有率符合 35%管控目标要求。

清理了沿海滩涂固体废物 126885 吨,垃圾 332287 立方,违规养殖场 426 处;开展入海排污口排查整治,对渤海地区排查出的 18886 个入海排污口开展溯源整治;全国纳入考核的 195 条入海河流基本消除劣 V 类;2020 年全国近岸海域优良(一、二类)水质比例平均为 77.4%,超出"十三五"70%左右的目标值 7.4 个百分点,总体呈改善趋势;修复海岸线 25.3 公里,河道 168 公里;增殖放养 13436 万尾。

印发《关于建立资源环境承载能力监测预警长效机制的若干意见》,针对不同资源环境超载类型,坚持陆海统筹,提高监测预警水平。

落实《全国农业可持续发展规划(2015—2030 年)》,加大了渔业生态保护力度,严格控制捕捞强度。

指标 56:推动能源结构优化升级。到 2020 年,单位 GDP 能源消耗降低 15%,万元 GDP 用水量下降 23%,非化石能源占一次能源消费比重达 15%,单位 GDP 二氧化碳排放降低 18%。

"十三五"期间,单位 GDP 能耗累计下降 13.2%。2019 年万元 GDP 用水量较 2015 年下降 23.7%。2019 年,非化石能源占一次能源消费比重已达 15.3%。2016—2020 年期间,单位 GDP 二氧化碳排放累计下降 18.8%。

指标 57：推进生态建设。加快生态保护红线划定,推动建立重点生态功能区产业准入负面清单制度。到 2020 年,森林覆盖率提高到 23% 以上,湿地保有量稳定在 8 亿亩,自然保护地占国有面积稳定在 17% 以上,新增沙化土地治理面积 1000 万公顷,新增水土流失综合治理面积 27 万平方公里,国家森林城市达到 200 个,全国 80% 以上的行政村居民点绿化覆盖率达 25% 以上。健全国门生物安全查验机制,防范动植物疫情疫病跨境传播和外来物种入侵。

全国生态保护红线评估调整工作已基本完成。印发了《关于建立国土空间规划体系并监督实施的若干意见》《市场准入负面清单(2019 年版)》《重点生态功能区产业准入负面清单编制实施办法》,并制定了"三定"方案。

累计完成造林 5.45 亿亩,森林覆盖率提高到 23.04%,森林蓄积量超过 175 亿立方米,连续 30 年保持"双增长"。开展了红树林保护修复专项行动,新增湿地面积 300 多万亩,湿地保护率达 50% 以上。全国自然保护地面积增加 2500 多万公顷,总数量达到近万处。累计治理沙化和石漠化土地 1.8 亿亩,新增水土流失综合治理面积 30.6 万平方公里。沙化土地封禁保护区面积扩大到2660万亩,提前实现联合国提出的到2030年实现土地退化零增长目标,沙尘暴天气次数明显减少,北方沙尘暴天气次数比"十二五"期间减少近30%。已建成国家森林城市194个。

编制《进一步加强外来物种入侵防控工作方案》《全国重要生态系统保护和修复重大工程总体规划(2021—2035年)》,对外来入侵物种防控工作进行总体部署。

指标58:完善环境监察体制机制。推行全流域、跨区域联防联控和城乡协同治理模式。建立健全排污权有偿使用和交易制度。建立企业环境信用记录和违法排污黑名单制度。健全生态环境损害赔偿制度。

推进群众环保举报联网通办,通过联网平台接受处理群众反映环境污染问题262.7万件,按期办结率100%。

印发《中央生态环境保护督察工作规定》《关于省以下环保机构监测监察执法垂直管理制度改革试点工作的指导意见》,完善了环境监察体制机制,规范了生态环境保护督察工作。督察启动以来,到2018年,实现对全国31个省(区、市)和新疆生产建设兵团第一轮督察全覆盖,并分两批对20个省(区)开展"回头看"。2019年7月,全面启动第二轮督察工作,截至2020年,分两批对9个省(市)、4家央企、2个部门实施例行督察;督察受理转办的20.8万余件群众举报,推动解决了17.6万余个群众身边生态环境问题。2018年以来,连续3年制作长江经济带生态环境警示片。截至2020年,警示片披露的484个问题已整改完成309个。

印发《按流域设置环境监管和行政执法机构试点方案》《设置跨地区环保机构试点方案》,成立京津冀及周边地区大气污染防治领导小组。结合机构改革,组建长江、黄河、淮河、海河、珠江、松辽、太湖流域生态环境监督管理局,在生态环境部大气环境司加挂京津冀及周边地区大气环境管理局牌子,实现区域流域生态环境保护统一规划、统一标准、统一环评、统一监测、统一执法。

开展环保信用评价立法研究,规范评价依据、评价标准、等级划分、结果应用等。开展环境影响评价文件质量专项检查、建立第三方监测机构星级评价体系等治理工作。制定《环境信用信息共享目录》等技术规范,建设环保信用数据管理系统等,建立环保信用共享子门户,与全国信用信息共享平台实现信息共享交换升级。指导河北、河南、福建等地将环保信用评价结果应用于绿色信贷、上市融资、企业退税、荣誉称号评审、科研项目申请等领域。

印发《生态环境损害赔偿制度改革方案》，出台《关于推进生态环境损害赔偿制度改革若干具体问题的意见》，发布6项生态环境损害鉴定评估技术标准，初步构建了责任明确、途径通畅、技术规范、保障有力、赔偿到位、修复有效的生态环境损害赔偿制度，为全面维护公共环境权益提供了新的法律规则。截至2020年，全国办理赔偿案件4300余件，涉及赔偿金额超过78亿元。阶段目标已全面完成。

二、公民权利和政治权利

2016—2020 年,中国政府不断加大对公民权利和政治权利的保障力度,深入推进依法行政、公正司法,切实保障人民的宗教信仰自由、知情权、参与权、表达权和监督权。社会主义民主法治建设有序推进,人民当家作主地位进一步巩固提高。综合各项因素,在公民权利和政治权利保障方面,依法保障公民的人身自由、完善律师执业权利保障、健全轻微刑事案件快速办理机制和刑事案件速裁程序、完善宗教事务法律制度、提高政务公开信息化集中化水平、推进执法司法信息公开、保障企事业单位职工的知情权和民主参与权等工作都取得了较大的进展。同时,在全面贯彻证据裁判原则等方面尚有进一步改善空间。

(一) 人身权利

指标 59:完善行政组织和行政程序法律制度。行政机关不得法外设定权力,没有宪法法律依据不得作出限制

公民人身自由的强制措施和处罚。

2019 年通过《关于废止有关收容教育法律规定和制度的决定》,对卖淫、嫖娼行为不再实施收容教育措施。刑法修正案(十一)将不满法定年龄不予刑事处罚的未成年人的收容教养修改为专门矫治教育。社区矫正法于 2020 年 7 月 1 日生效。截至 2020 年,全年列管社区矫正对象 120 多万人,矫正期间重新犯罪率低于 0.2%,绝大多数社区矫正对象经过矫正后正常回归社会。

指标 60:完善执法程序。建立执法全过程记录制度,完善对涉及公民人身权利的行政强制措施实行司法监督的制度。

公安部颁布了专门文件,明确执法全流程记录要求,为民警充分配备各类执法记录设备,全面记录接报案登记、现场执法、场所使用管理、案件调查取证、涉案财物管理、法律文书开具等执法办案各环节,打造执法全流程记录链条。进一步完善了相关制度,监督涉及公民人身权利的行政强制措施的执行。

指标 61:完善对限制人身自由司法措施和侦查手段的司法监督。加强对刑讯逼供和非法取证的源头预防,健全冤假错案的有效防范、及时纠正机制。落实讯问犯罪嫌

疑人全程同步录音录像制度,并逐步扩大其适用的案件范围,试行重大案件全程同步录音录像随案移送制度。

制定了《关于办理刑事案件严格排除非法证据若干问题的规定》《人民法院办理刑事案件排除非法证据规程(试行)》。

发布了《关于重大案件侦查终结前开展讯问合法性核查工作若干问题的意见》。

发布了《人民检察院讯问职务犯罪嫌疑人实行全程同步录音录像的技术规范》,修订了《人民检察院刑事诉讼规则》。全国各级公安机关现已普遍实现对重大犯罪案件每次讯问过程均全程录音录像。

指标 62:完善侦查阶段听取律师意见的相关机制。犯罪嫌疑人委托的律师提出不构成犯罪、无逮捕必要、不适宜羁押、侦查活动有违法犯罪情形等书面意见以及相关证据材料的,检察人员应当在审查逮捕意见书中说明是否采纳律师意见的情况和理由。

修订了《人民检察院刑事诉讼规则》,规定"听取辩护人意见应当制作笔录或者记录在案,辩护人提出的书面意见应当附卷""办理审查起诉案件,应当听取辩护人或者值班律师、被害人及其诉讼代理人的意见,并制作笔录。提出书面意见的,应当附卷。对于辩护律师在审查逮捕、审查起诉阶段多次提出意见的,均应如实记录""辩护律师提出犯罪嫌疑人不构成犯罪、无社会危险性、不适宜羁押或者侦查活动有违法犯罪情形等书面意见的,检察人员应当审查,并在相关工作文书中说明是否采纳的情况和理由"。

指标 63：**严格执行指定居所监视居住制度。严格把握适用标准、适用期限,规范执行场所、执行方式,健全适用审批制度。**

检察机关与其他司法机关信息共享平台建设得到加强,监督来源渠道更加畅通。全国多地检察机关制定了对指定居所监视居住执行实施监督的工作办法或实施细则。实行巡回检察监督,采取多种形式,对违法情形依法提出纠正意见。

指标 64：**强化对公安执法办案活动的刚性约束。改革完善受立案制度、执法质量考评制度和执法过错责任追究制度。加强执法办案场所办案区使用管理,深化公安执法信息化建设。**

公安部推进受立案制度改革,建立健全了以期限明确、系统衔接、巡查回访等为主要内容的源头管控体系。

执法质量考评已被作为绩效考核的重要内容,对不合理的办案考评指标以及各种不必要的排名予以通报。强化了对执法重点环节、执法能力、执法安全和社会评价等情况的考核评议。

严格实行办案质量终身负责制和错案责任倒查问责制,使执法质量问题的追究不受办案人员调动、离职、退休等影响。

各级公安机关严格落实公安部"四个一律"(违法犯罪嫌疑人被带至公安机关后,一律直接带入办案区,一律先进行人身检查,一律有人负责看管,一律有视频监控并记录)的工作要求,各地执法办案管理中心普遍实现了执法安全"零事故"。

公安机关普遍应用省级统一的执法办案信息系统。深化执法办案信息系统的智能应用,普遍强化自动预警和流程管控功能,及时发现、纠正强制措施超期、收集证据不合程序等问题。

指标 65:加大力度查处国家机关工作人员利用职权实施非法拘禁等侵犯公民人身权利的犯罪。

颁行监察法,施行《国家监察委员会与最高人民检察院办理职务犯罪案件工作衔接办法》,印发《关于人民检察院立案侦查司法工作人员相关职务犯罪案件若干问题的规定》,加大了查处职务犯罪的力度。2020 年,全国检察机关共立案侦查司法工作人员相关职务犯罪 1421 人。

(二) 被羁押人的权利

指标 66:制定看守所法,提升被羁押人权利保障的立法层级,完善配套法律法规和规章制度。

2017 年向社会公开征求对《看守所法(公开征求意见稿)》的意见,公安部向国务院报送了《对社会公众对〈看守所法(征求意见稿)〉修改建议处理意见》,看守所法现处于立法审查环节。

指标 67:健全刑事羁押必要性审查制度。发现不需要继续羁押或患有严重疾病不适宜羁押的,应当释放犯罪嫌疑人、被告人或变更强制措施。

修订《人民检察院刑事诉讼规则》,完善了羁押必要性审查程序。对患有精神疾病或者急性传染病,具有《保外就医严重疾病范围》所列疾病,在羁押中可能发生生命危险或者生活不能自理,怀孕或者哺乳期的妇女等情形,及时通知办案机关予以审查。2020 年,在侦查、审判阶段受理羁押必要性审查案件 34324 件。经审查对有关单位提出变更强制措施或释放建议 24198 件。

指标 68：加强刑事羁押期限监督。预防和清理久押不决案件，严格落实换押制度、超期羁押报告制度及责任追究制度。

《人民检察院刑事执行检察部门预防和纠正超期羁押和久押不决案件工作规定（试行）》得到严格执行。检察机关常态化开展清理纠正久押不决案件工作，切实维护在押人员合法权益。2019 年对侦查、审判环节羁押 5 年以上未结案的 367 人逐案核查，已依法纠正 189 人。

指标 69：严格落实监管场所的各项规章制度。完善被羁押人投诉处理机制，畅通被羁押人权利救济渠道。加强监管场所检察信息化建设，实现对监管场所的动态监督。

对监管场所监管执法活动开展了巡回检察，设置了巡回检察举报电话、举报信箱，对发现的重点案件进行跟踪督办。严格落实"群众信访件件有回复"制度。该制度实施以来，接收被羁押人及其近亲属控告申述 2293 件，能回尽回 2238 件，保障了被羁押人依法获得相应救济。

采取专项活动与日常检察相结合，派驻检察与巡回检察相结合的措施。对监狱、看守所等监管活动中违法行为进行监督纠正，纠正率达 98.6%。

看守所加强了对监管规章制度的宣传、学习、培训，采取实地督导检查、蹲点帮扶和三级网上视频巡查的方式,督促落实各项制度。推行被监管人员约见驻所检察官制度,为被监管人员设立检察信箱,方便投诉、举报和控告。

指标 70:规范强制医疗的执行、治疗、管理和监督,保障被强制医疗人员的权利。

推动强制医疗所建设,与社会医疗机构合作,提高了医疗水平。严格依法对被强制医疗人员进行康复治疗。检察机关依法对审判机关、公安机关的交付执行活动和强制医疗机构的收治、医疗、监管、解除等进行监督,发现有违法行为的依法向有关单位提出纠正意见。2016—2020 年,监督纠正强制医疗执行中的违法情形 1724 件。

指标 71:落实禁毒法和戒毒条例。依法规范强制隔离戒毒决定、提前解除强制隔离戒毒决定、延长戒毒期限决定的作出。提升戒毒医疗、康复水平,保障戒毒人员合法权利。

完善戒毒人员诊断评估工作,将戒毒人员的日常行为表现与提前解除或延长强制隔离戒毒期限直接挂钩。2016—2020 年,共依法责令 132.7 万名吸毒人员接受强制隔离戒毒,提前解除强制隔离戒毒 448129 人。强制隔离戒毒所设立了专业化医疗机构。围绕戒毒人员教育康复工作,邀请社会专业人士,协助开展戒毒人员心理矫治工作。

强制隔离戒毒所开展了向社会开放活动。以多种方式告知戒毒人员权利,增加视频会见、探访会见网上预约等举措。对女子和未成年人设置专门强制隔离戒毒所或者专管大队,保障未成年戒毒人员在场所内完成九年制义务教育课程。

采取了戒毒治疗、心理矫正、帮扶救助、就业扶持一体化戒毒模式,为戒毒人员提供职业技能培训和就业支持。

(三)获得公正审判的权利

指标 72:严格把握死刑适用条件。强化死刑复核程序,进一步规范死刑复核监督程序。

严格把握死刑适用的最高标准,对于有自首、重大立功等法定、酌定从轻情节的最大限度体现从宽;统一了司法裁判标准,制定了适用指导意见,细化了死刑案件法律适用标准和诉讼程序规则。

制定了《关于死刑复核及执行程序中保障当事人合法权益的若干规定》。

死刑复核监督案件得到了严格依法办理。最高人民检察院与最高人民法院建立了联席会议制度,加强死刑复核监督案件办案指导,编发典型案例,每年至少举办一次全国性死刑复核监督工作培训班。

指标 73:确保法院依法独立行使审判权。完善对领导干部干预司法活动、插手具体案件处理的记录、通报和责任追究制度。明确司法机关内部各层级权限,健全内部监督制约机制,完善对司法机关内部人员过问案件的记录制度和责任追究制度。

建立了防止领导干部和内部人员过问案件记录、通报和追责制度,内外部人员过问案件信息专库和直报系统,干预过问案件情况月报告和"零报告"制度,办案人员记录违规干预过问案件的保护和激励机制。

发布《关于落实司法责任制完善审判监督管理机制的意见(试行)》《关于进一步全面落实司法责任制的实施意见》《关于深化司法责任制综合配套改革的实施意见》,明确了法官在职责范围内对办案质量终身负责。

指标 74:规范司法解释和案例指导,统一法律适用标准。

2016—2020 年,最高人民法院发布司法解释 129 件、指导性案例 89 件。最高人民检察院发布 18 批共 70 件指导性案例。为贯彻落实《中共中央关于全面推进依法治国若干重大问题的决定》和《⼝华人民共和国人民检察院组织法》,于 2019 年修订了《最高人民检察院关于案例指导工作的规定》。

指标 75:全面贯彻证据裁判原则。落实直接言词原则,严格落实证人、鉴定人出庭制度。

发布了《关于推进以审判为中心的刑事诉讼制度改革的意见》《关于全面推进以审判为中心的刑事诉讼制度改革的实施意见》。为推进庭审实质化,完善了侦查人员、鉴定人、证人出庭作证等机制。上海、贵州高院制定了常见犯罪证据标准指引,提高刑事案件办案质量。

指标 76:贯彻疑罪从无原则,严格实行非法证据排除规则,进一步明确非法证据的范围和排除程序。

2016—2020 年,人民法院依法宣告 5479 名被告人无罪。检察机关开展了涉民营企业刑事诉讼"挂案"专项清理工作,2019 年排查出 2870 件,已督促办结 2423 件,目前正在开展新一轮"挂案"清理工作。

发布《关于推进以审判为中心的刑事诉讼制度改革的意见》《关于办理刑事案件严格排除非法证据若干问题的规定》,修订《人民检察院刑事诉讼规则》,明确非法证据排除的范围、重大案件侦查终结讯问合法性核查、一审取证合法性处理的救济等。

指标 77：加强诉讼过程中律师的知情权、申请权、申诉权等各项权利的制度保障,落实相关法律赋予律师在诉讼中会见、阅卷、收集证据和发问、质证、辩论等方面的执业权利,保障律师依法行使辩护权、代理权。健全完善侦查、起诉、审判各环节重视律师辩护代理意见的工作机制,落实听取律师意见制度。禁止对律师进行歧视性安检,为律师依法履职提供便利。

《关于依法切实保障律师诉讼权利的规定》得到严格落实,依法保障了律师知情权、阅卷权、出庭权等执业权利。发布了《关于深化律师制度改革的意见》《关于建立健全维护律师执业权利快速联动处置机制的通知》《关于依法保障律师诉讼权利和规范律师参与庭审活动的通知》《关于为律师提供一站式诉讼服务的意见》,完善了律师执业保障机制、便利律师参与诉讼机制、执业权利救济机制。

开展专项检查,强化了侦查、审查逮捕、审查起诉、诉讼监督、案件管理、控告申诉等检察环节的律师执业权利保障力度。

《最高人民法院关于全面深化人民法院改革的意见——人民法院第四个五年改革纲要（2014—2018）》得到

落实,强化了人权司法保障机制,明确禁止了对律师进行歧视性安检。

指标 78:强化诉讼过程中当事人和其他诉讼参与人的知情权、陈述权、辩论辩护权、申请权、申诉权的制度保障,落实刑事诉讼法及相关配套法规制度关于法律援助的规定。

制定《关于开展刑事案件律师辩护全覆盖试点工作的办法》。健全值班律师制度,支持值班律师为犯罪嫌疑人、被告人提供多种法律帮助,明确了办案机关应当为值班律师履职提供便利。自 2018 年以来,开展扩大试点律师辩护的法律援助案件累计达到 59 万余件,值班律师提供法律帮助的案件达到 48 万余件。

指标 79:完善刑事诉讼中认罪认罚从宽制度。明确被告人自愿认罪、自愿接受处罚、积极退赃退赔案件的诉讼程序、处罚标准和处理方式。

2016 年开展认罪认罚从宽制度试点工作,截至 2017 年 9 月,251 个试点法院审结认罪认罚案件 6.9 万件 7.8 万人,占同期全部刑事案件的 42.7%。2018 年将认罪认罚从宽制度和速裁程序纳入刑事诉讼法。2019 年发布了《关于适用认罪认罚从宽制度的指导意见》。2020 年全国各级检察机关共适用认罪认罚从宽制度审结案件1550451人,占同期审查起诉案件审结人数的86.8%,同比增加37.5个百分点。

指标80：继续推进量刑规范化,规范法官的量刑裁量权,完善量刑程序,促进量刑公开、公正。

2017年发布《关于常见犯罪的量刑指导意见(二)(试行)》,增加了有关危险驾驶罪等八种常见犯罪的量刑规范。2020年发布了《关于规范量刑程序若干问题的意见》,确保了量刑的公开公正。

指标81：禁止让刑事在押被告人或上诉人穿着具有监管机构标识的服装出庭受审。

最高人民法院于2016年修订了《人民法院法庭规则》,明确要求刑事在押被告人或上诉人出庭受审时,着正装或便装,不着监管机构的识别服。

指标82：健全轻微刑事案件快速办理机制,有序推进刑事案件速裁程序改革。

修改刑事诉讼法,明确了速裁程序的适用范围、具体程序、审理期限、程序转化等。修订《人民检察院刑事诉讼规则》,对速裁程序如何适用作出了详细规定。2020年,在适用认罪认罚从宽制度审理的案件中,适用速裁程序224996

件,占 25.6%。

指标 83：制定刑事被害人救助法,建立统一、规范的刑事被害人救助制度。

发布《关于规范涉诉信访司法救助工作的意见(试行)》《关于加强和规范人民法院国家司法救助工作的意见》,设立司法救助委员会,推动司法救助与社会救助、法律援助的衔接。2016—2020 年,全国法院共办理司法救助案件 20.56 万件,其中 2020 年办理 37852 件,救助人数 44350 人,救助金额 9.1 亿元。

（四）宗教信仰自由

指标 84：修改宗教事务条例,依法规范政府管理宗教事务的行为,保护广大信教群众合法权益。

2017 年修订《宗教事务条例》,2018 年 2 月 1 日施行。完善了相应配套措施,推进了宗教事务部门依法行政。

指标 85：支持宗教界加强自身建设,提高自我约束、自我规范、自我管理能力。为宗教团体开展工作提供必要的支持和帮助。鼓励宗教界依法开展公益慈善活动。

修订了《中国基督教教会规章》,制定了《中国基督教教牧人员行为规范》等规章制度。

以多种语言文字翻译出版发行宗教典籍,仅汉文、维吾尔文、哈萨克文、柯尔克孜文 4 种文字的《古兰经》《布哈里圣训实录》等印数就达 176 万册。伊斯兰教界深化解经工作,编写出版《新编卧尔兹演讲集》等讲经范本。伊斯兰教协会网站和微信公众号影响不断扩大。

佛教界编辑出版《法音》等出版物,开展讲经交流及各种法事活动,举办传戒法会 69 场。建成中国佛学院新校区、中国佛教协会讲经交流基地、人间佛教思想研究基地等。组织佛教文化艺术展演,开展古籍保护培训。

中国伊斯兰教界募集资金 1 亿多元,开展扶危济困、捐资助学、敬老爱老等公益慈善活动。中国基督教三自爱国运动委员会和中国基督教协会捐款捐物 2500 多万元。中国佛教界参与扶贫攻坚,开展多项社会公益慈善事业。

指标 86:办好宗教院校,加强宗教人才培养,提高宗教教职人员素质。

2016—2020 年,全国依法审批宗教院校 12 所,总数达到 95 所,其中佛教 44 所、道教 11 所、伊斯兰教 10 所、天主教 9 所、基督教 21 所,宗教院校全日制学生 2 万多人。共培训教职人员 5 万多人次。

新疆现已建成新疆伊斯兰教经学院、新疆伊斯兰教经文学校等 10 所伊斯兰教院校,扩大招生规模,开始招收研究生班,每年培养新一代教职人员近千人。

西藏自治区及其 7 个地市均设有佛教协会。全国共规划建设 8 座藏语系佛学院,在校学员 1950 名。目前已有 7 所投入使用,总投资 9.2 亿元。藏传佛教已建立起三级学衔制度,授予"拓然巴"高级学衔 273 人。

道教界开展当代道教教义思想研究、编纂中华续道藏工程、组织玄门讲经活动等,培养了一批优秀中青年道教人才,探索建设特色人才培养基地,对现有教职人员进行轮训,提高综合素质。

基督教界提升神学院校建设水平,举办了"少数民族教会双语传道人培训班"等众多在职教职人员培训班。

指标 87:遏制投资经营宗教活动场所行为,制止和纠正寺庙、道观"被承包"现象。

依法维护宗教界合法权利,清理打击假道士,依法治理假借佛教名义敛财等行为。

指标 88:改进伊斯兰教朝觐组织服务工作,保障穆斯林群众顺利完成朝觐功课。

落实了《伊斯兰教朝觐事务管理办法》。支持中国伊斯兰教协会每年组织的中国穆斯林朝觐活动,在朝觐人员证件办理、体检接种、交通、出入境、疫情防控、医疗服务等方面提供支持和帮助。

指标 89：积极开展对外宗教交流活动。

举办世界佛教论坛、国际道教论坛、伊斯兰教中道思想国际研讨会，承办世界基督教教会联合会等国际宗教组织的多场会议。中国基督教三自爱国运动委员会和中国基督教协会接待境外来访团队 233 批，出境访问团队 72 批。中国天主教"一会一团"派员参加"世界主教会议""亚洲主教联席会议"等国际会议，组团出访德国、意大利、韩国、美国等。

（五）知情权和参与权

指标 90：进一步推进权力清单和责任清单公开，方便公众获取和监督。各级政府及其工作部门依据权力清单向社会全面公开政府职能、职责权限、管理流程、监督方式。

落实《国务院部门权力和责任清单编制试点方案》，在7 个部门开展权责清单编制试点工作。在中国政府网开设政府权责清单专栏，全面覆盖 31 个省（区、市）及新疆生产建设兵团。

指标 91：推行行政执法公示制度。加强互联网政务

信息数据服务平台和便民服务平台建设，提高政务公开信息化、集中化水平。完善突发事件信息发布制度。

落实《法治政府建设实施纲要（2015—2020 年）》中关于全面推行行政执法公示制度的要求，2017 年在 32 个地方和部门开展试点工作，2019 年开始在全国范围内全面推行。

建成国家政务服务平台，联通 31 个省（区、市）和新疆生产建设兵团、46 个国务院部门，实现 360 万项服务、1000 多项高频服务"一网通办"。2020 年新冠肺炎疫情期间，依托国家政务服务平台实现了"健康码"跨省互认，累计访问 500 亿次。不断创新推出便民服务应用，多项服务实现"不见面审批""一站式办理""一证通办""一日办结"。

制定了《应急管理部特别重大灾害应急响应工作手册（新闻宣传保障分册）》《特别重大灾害事故新闻发布预案》。统筹全系统信息资源，建立快速报送机制。

指标 92：推进警务、狱务、审判、检务公开。依法及时公开执法司法依据、程序、流程、结果，建立生效法律文书统一上网和公开查询制度。

审判流程、庭审活动、裁判文书、执行信息四大公开平台全面建成运行。截至 2020 年，中国庭审公开网直播庭审

1000 多万件,观看量约 340 亿人次;中国裁判文书网公开文书超过 1 亿份,访问用户覆盖 210 多个国家和地区。

落实《人民检察院案件信息公开工作规定(试行)》。截至 2020 年,人民检察院"案件信息公开网"共导出 1375 万余件案件程序性信息、发布重要案件信息 103 万余件、接受辩护与代理网上预约 50 余万人次。全国四级检察机关门户网站覆盖率超过 95.2%,新媒体账号总数超过 1.1 万个。

修订《公安机关执法公开规定》,严格执行执法依据和流程对全社会公开的规定。截至 2020 年 8 月,25 个省(区、市)建立了统一的执法公开平台,22 个省(区、市)实现了行政处罚决定文书网上公开。

执行《关于进一步深化狱务公开的意见》,创新运用新媒体新手段,对社会公众公开监狱罪犯减刑、假释、暂予监外执行结果等内容 22 项,对罪犯近亲属额外公开分级处遇、考评、奖惩等 10 项。

指标 93:提高立法公众参与度。探索建立有关国家机关、社会团体、专家学者等对立法中涉及的重大利益调整论证咨询机制,拓宽公民有序参与立法途径,健全法律法规规章草案公开征求意见和公众意见采纳情况反馈机制。

落实立法法关于向社会公开法律草案及其修改稿征求意见的规定,落实《向社会公布法律草案征求意见工作规范》。自2018年以来,共有90多件次法律草案向社会公开征求意见,参与的社会公众有93万多人次,提出意见建议260多万条。

政协组织政协委员、民主党派、工商联、无党派人士、人民团体及社会组织,围绕国歌法、监察法、未成年人网络保护条例等30多项法律法规的制定修改提出建议。

民法典(草案)(包括民法典总则草案、各分编草案)先后14次在中国人大网公开征求意见,共有425762人次提出1021834条意见。

指标94:落实人民陪审员"倍增计划",拓宽选任渠道和范围,明确参审案件职权。

制定人民陪审员法,发布《人民陪审员选任办法》《关于适用〈中华人民共和国人民陪审员法〉若干问题的解释》。在50个法院实行人民陪审员制度改革试点,试点法院人民陪审员总数达到13740人,比改革前新增9220人,人民陪审员参审案件占一审普通程序案件的77.4%。截至2020年,全国新选任人民陪审员突破24万人,全国人民陪审员数达到33万余人。

指标 95：进一步完善特约检察员机制，切实采取措施保障特约检察员依法履行职责，参与检察，谋议检务。

制定《最高人民检察院关于特约检察员的工作规定》，明确了特约检察员的聘任条件及程序，并要求为特约检察员提供通报工作、邀请参会、组织培训等履职保障。

指标 96：完善人民监督员制度。改革选任和管理方式，充分保障人民监督员的各项权利，进一步拓宽人民群众有序参与司法渠道。

制定《人民监督员选任管理办法》《人民检察院办案活动接受人民监督员监督的规定》，明确 10 种人民监督员依法进行监督的情况。2020 年，全国检察机关共邀请 49990 位人民监督员，监督检察机关办案活动 27796 件次。

指标 97：在司法调解、司法听证、涉诉信访等活动中保障人民群众参与。

制定了《人民检察院审查案件听证工作规定》。截至 2020 年，20 个省（区、市）近三年检察听证工作做到了三级院全覆盖；开展信访案件公开听证 6719 件，公开听证后当事人同意检察机关处理意见的案件占 96.2%，明确表示息诉罢访的案件占 61.6%。

发布《关于全面推行律师参与信访工作的意见》，指导各地普遍建立律师参与信访工作机制。

全面应用人民法院调解平台,3.3万个调解组织、16.5万名调解员入驻平台。自2018年以来,诉前调解成功民事案件数量逐年增长,分别为56.8万件、145.5万件、424万件,其中2020年比2019年增长了191%。

指标98:发挥市民公约、乡规民约、行业规章、团体章程等社会规范在社会治理中的积极作用,推进社会自治。

截至2020年,城市社区普遍制定了居民公约或居民自治章程,村规民约、村民自治章程实现全覆盖。

指标99:支持社会组织参与社会服务。发展社会工作服务机构和志愿服务组织,推进行业协会与行政机关脱钩,支持慈善组织有序发展,完善社会组织登记管理制度及政府向社会组织购买服务制度。

中央财政设立支持社会组织参与社会服务项目,截至2020年,项目累计拨付资金约15.4亿元,带动配套资金约10.84亿元,立项3428个,直接受益群众1300多万人。据不完全统计,2018—2020年,全国90多万家社会组织参与脱贫攻坚,各类资金投入1245.18亿元,实施项目90124个。社会工作专业岗位数较2015年底增长了143%,社会工作服务机构数增加了179%,社会工作行业协会增加了153%。

制定了《志愿服务条例》,印发了《志愿服务记录与证明出具办法(试行)》《关于支持和发展志愿服务组织的意见》,研究编制《志愿服务组织基本规范》国家标准。截至2020年,全国标识志愿服务组织已超过1.4万家。

截至2020年,728家全国性行业协会商会和67491家地方行业协会商会基本完成脱钩改革,完成率分别为92%和96%。

慈善领域相继出台中央和地方配套法规规章和规范性文件400余部。截至2020年9月底,全国登记认定慈善组织8076个(具有公开募捐资格的1961个)。

改革双重登记管理体制,推进四类社会组织直接登记。发布了《关于通过政府购买服务支持社会组织培育发展的指导意见》,推动各类社会组织积极承接政府转移职能和购买服务。

指标100:修改城市居民委员会组织法,加快制定或修改村委会组织法配套法规。推进居务、村务公开建设,促进居民、村民民主参与。

修改了城市居民委员会组织法、村民委员会组织法,将居委会、村委会任期由三年改为五年。全国村(居)委会换届实现统一届期、统一部署、统一指导、统一实施,城乡居民依法选举产生了近 280 万名村(居)委会成员。各地普遍依托村(居)民议事会、村(居)民理事会、村(居)民听证等形式,开展灵活多样的议事协商活动。村(居)民会议、村(居)民代表会议制度逐步完善,城乡居民参与民主决策渠道进一步拓宽。村规民约、居民公约实现全覆盖,城乡居民自我约束更加规范。村(居)务监督委员会全面建立,村(居)务公开工作持续深化,95% 的村实现村务公开,城市社区普遍推进居务公开工作,民主评议和经济责任审计工作普遍开展,年约有 170 万名村干部述职述廉,对 23 万多名村干部进行经济责任审计,村民民主评议村干部近 209 万人次。

指标 101:健全以职工代表大会为基本形式的企事业单位民主管理制度。推进企事业单位信息公开制度化、规范化建设,保障职工的知情权,有效参与民主管理。

截至 2019 年 9 月,全国已建工会企事业单位建立职代会制度的有 419.3 万个,覆盖职工 2.17 亿人;已建工会企事业单位建立厂务公开制度的有 407.1 万个,覆盖职工 2.11 亿人。

（六）表达权和监督权

指标 102：依法保障公民互联网言论自由。继续完善为网民发表言论的服务,重视互联网反映的社情民意。

2020 年,移动电话普及率 93.5 部/百人,网站数量 443 万个。网民规模由 2015 年底的 6.88 亿人增长到 2020 年底的 9.89 亿人,互联网普及率由 50.3% 提升到 70.4%。截至 2020 年,贫困村通光纤比例由电信普遍服务试点之前不到 70% 提高到 98%,深度贫困地区贫困村通宽带比例从 25% 提升到 98%。为公民互联网言论自由提供了充分的平台保障。

制定《互联网新闻信息服务管理规定》《网络信息内容生态治理规定》,促进互联网新闻信息服务健康有序发展,建设良好网络生态,营造清朗的网络空间。

在工会系统建立欠薪报告制度和网络舆情信息涉欠薪案件反馈制度,及时掌握欠薪隐患和苗头,推动欠薪案件妥善解决。2016—2020 年,各级工会配合有关部门共为 509.86 万名农民工追回被拖欠工资 532.51 亿元。

指标 103：建立对各级国家机关违法行为投诉举报登记制度。畅通举报箱、电子信箱、热线电话等监督渠道,发

挥社会监督的作用。

严格落实了《法治政府建设实施纲要（2015—2020年）》，完善社会监督和舆论监督机制。普遍建立投诉举报登记制度，设置举报箱、热线电话等监督渠道。

2020 年北京市政府网上政务服务平台政民互动专栏共收到公众来信近 30 万封，办结近 26 万封。深圳市政府网上政务服务平台政民互动专栏共收到公众留言 55332 条，办结 45024 条。

指标 104：完善信访工作制度，推进信访法治化。健全诉访分离工作机制和涉诉信访终结机制。推进集控告、举报、申诉、投诉、咨询、查询于一体的综合性受理平台建设，实行网上信访，依法分类处理信访诉求，保障公民合理、合法诉求依照法律规定和程序就能得到合理合法的结果。

制定了《关于依法处理涉法涉诉信访工作衔接配合的规定》《关于切实解决涉法涉诉信访工作突出问题的若干意见》，严格落实了《关于进一步规范信访事项终结工作的通知》《关于通过办理信访事项纠正补正执法错误和瑕疵的通知》，切实维护信访群众合法权益，维护法律权威。

建立国家信访信息系统，开通手机 APP 和微信信访。国家信访信息系统已与全国 31 个省（区、市）、新疆生产建设兵团和 42 家中央国家机关部委实现了对接,全国各级职能部门和乡镇(街道)的接入量超过 13 万家。不断建立完善公开透明、快捷高效、便于监督的网上信访平台,更加方便群众快捷反映情况、积极建言献策、提出投诉请求,实现人民群众与党和政府沟通联系"全天候、零距离"。制定了《依法分类处理信访诉求工作规则》,38 个中央单位制定了依法分类处理信访工作清单(机构改革后 27 个中央单位调整了清单),大部分省份制定了分类处理工作规程。自 2020 年以来,推动大量涉及疫情信访问题及时就地解决;部署开展集中治理重复信访、化解信访积案专项工作,有效解决和化解了一大批信访积案。

指标 105:修改行政复议法,保障公民和社会组织通过申请行政复议对行政机关依法行政进行监督的权利。加大对公务员违法违纪行为的监察力度。

2017 年 9 月修改了行政复议法。修订了公务员法,制定了公职人员政务处分法,赋予公职人员任免机关、单位暂停履行职务的权限。

指标 106:发挥报刊、广播、电视等传统媒体监督作用,加强传统媒体与互联网等新兴媒体的互动,重视运用和规范网络监督。依法保障新闻机构和从业人员的知情权、

采访权、发表权、批评权、监督权。

制定了《互联网新闻信息服务管理规定》,对新闻舆论监督作出规范。

民法典设立了保障新闻媒体监督、舆论监督的相关条款。中国记协修订了《中国记协维权投诉受理办法》,2016年以来,累计受理维权电话、信件、来访60余件次,办结率为100%。2019年创办中国驻外战地记者团体保险计划,累计向新闻单位101名记者捐赠人身保险。2020年发起一线新闻工作者疫情保险计划,向近4000名新闻记者和1216名驻外记者捐赠人身保险。实施中国新闻工作者援助项目,对全国因公伤、病、亡的314名新闻工作者累计发放援助金1497万元。

指标107:完善全国人大及其常委会宪法监督制度,健全宪法解释程序机制。加强备案审查制度和能力建设,把所有规范性文件纳入备案审查范围,依法撤销和纠正违宪违法的规范性文件。健全人大讨论、决定重大事项制度,各级政府重大决策出台前需向本级人大报告。

2018年宪法修正案中将全国人大法律委员会更名为宪法和法律委员会。通过了《关于全国人民代表大会宪法和法律委员会职责问题的决定》,明确宪法和法律委员会

"推动宪法实施、开展宪法解释、推进合宪性审查、加强宪法监督、配合宪法宣传"等工作职责。健全合宪性审查制度,建立健全涉及宪法问题的事先审查和咨询制度。

制定了《法规、司法解释备案审查工作办法》;将监察法规纳入全国人大常委会备案审查范围,将地方两院规范性文件纳入同级人大备案审查范围;扩宽公民、组织提出审查建议的渠道,对 7689 件审查建议逐一进行审查。

指标 108:搭建政协协商平台,丰富协商内容和形式。以事关经济社会发展全局和涉及群众切身利益的实际问题为内容,开展广泛协商,完善民主监督的组织领导、权益保障、知情反馈、沟通协调机制。

2016—2020 年,各民主党派和全国工商联共提出提案近 1800 件,提交社情民意信息 2 万余条。政协举办专题议政性常委会会议 10 次,举办双周协商座谈会 77 次。围绕监督性议题开展视察调研 64 项,收到群众来信 22 万余件,接待各级政协委员、统战人士和人民群众来访 970 余人次。自 2018 年以来共举办远程协商会议 10 次。

指标 109:完善审计监督。健全有利于依法独立行使审计监督权的审计管理体制,建立具有审计职业特点的审计人员管理制度,基本形成与国家治理体系和治理能力现

代化相适应的审计监督机制。对公共资金、国有资产、国有资源和领导干部履行经济责任情况实行审计全覆盖。

印发了《关于深化国有企业和国有资本审计监督的若干意见》《领导干部自然资源资产离任审计规定（试行）》《党政主要领导干部和国有企事业单位主要领导人员经济责任审计规定》等文件。改革审计管理体制，组建中央审计委员会。

2016—2020年，全国共审计50多万个单位，促进增收节支和挽回损失2.2万多亿元，推动建立健全规章制度3.7万多项。

三、特定群体权利

2016—2020 年，中国政府采取一系列重大举措，对特定群体权利予以倾斜性保障，提升了少数民族、妇女、儿童、老年人和残疾人权利的保障水平。综合各项因素，在特定群体权利保障方面，民族地区消除绝对贫困、有效预防和依法打击拐卖妇女儿童犯罪、全面建成养老服务体系、完善老年人社会福利制度和救助制度、开展残疾人康复服务等工作都取得了较大的进展。同时，在落实男性职工带薪陪护分娩妻子的假期制度、发展针对 0—3 岁婴幼儿的托幼机构、老年社会组织发展等方面的工作还需进一步加强。

（一）少数民族权利

指标 110：保障少数民族平等参与管理国家和社会事务的权利。提高少数民族参政议政能力。保证在中央和地方国家权力机关、行政机关、审判机关和检察机关都有相应数量的少数民族成员。加强少数民族公务员队伍建设，对

少数民族公民报考公务员依法给予照顾。

2016—2020 年,全国 155 个民族自治地方共制定、修改50 余部自治条例和 240 余部单行条例,为依法保障少数民族公民合法权益提供了法律支撑。55 个少数民族均有本民族的全国人大代表和全国政协委员。十三届全国人大代表中,少数民族代表 438 名,占 14.7%;十三届全国政协委员中,少数民族委员 244 名,占 11.3%。155 个民族自治地方的人民代表大会常务委员会中,均由实行区域自治民族的公民担任主任或者副主任;民族自治地方政府的主席、州长、县长或旗长,均由实行区域自治民族的公民担任。

少数民族公务员队伍建设得到加强。民族区域自治法、公务员法进一步得到实施。

指标 111:保障少数民族经济发展权利。促进少数民族事业发展,改善基础设施条件,支持民族地区发展优势产业和特色经济,确保到 2020 年在民族地区基本消除绝对贫困现象,持续促进民族地区经济发展主要指标增速高于全国平均水平。

2016—2020 年,中央财政安排专项扶贫资金(少数民族发展支出方向)304 亿元,有力支持了民族地区改革发展。

截至 2020 年,内蒙古自治区、广西壮族自治区、西藏自治区、宁夏回族自治区、新疆维吾尔自治区和贵州、云南、青海三个多民族省份(以下简称"民族八省区")公路网总里程达 123.98 万公里,高速公路通车里程达 3.8 万公里,二级及以上公路里程达 14.9 万公里,路网等级结构进一步优化。2019 年,民族八省区建制村直接通邮率 100%,民族八省区乡镇快递网点覆盖率 100%。截至 2020 年 7 月,5 个自治区行政村通光纤、通 4G 比例均超过 98%,自治县实现光纤、4G 网络全通,自治州全部建成"光网城市"。最后一批无电人口用电问题得到有效解决。

2016—2020 年,民族八省区地区生产总值由 73911 亿元增加到 104492 亿元,年均增长 6.6%,高于全国同期 0.8个百分点;人均地区生产总值由 3.8 万元提高到 5.2 万元。2020 年,民族八省区努力克服新冠肺炎疫情的不利影响,实现地区生产总值 10.4 万亿元,同比增长 3.2%,高出全国 0.9 个百分点。2016—2020 年,民族八省区贫困人口累计减少 1560 万人,28 个人口较少民族全部实现整族脱贫;民族自治地方 420 个贫困县全部摘帽。

指标 112:保障少数民族均等享有公共服务的权利。推动国家公共服务资源向民族自治地方倾斜。加强跨省区

对口支援和对口帮扶工作,进一步缩小民族自治地方的城乡居民收入、义务教育、医疗卫生、社会保障与全国平均水平的差距。

2016—2020 年,民族八省区农村居民人均可支配收入由 18000 元增长到 24534 元,年均增长 8.0%,增速高于全国平均水平 0.2 个百分点。截至 2020 年,民族八省区城市、农村最低生活保障平均标准与全国平均标准差距均有缩小。其中,内蒙古、广西、西藏的城市最低生活保障标准高于全国平均标准,内蒙古的农村最低生活保障标准高于全国平均标准。医疗卫生各项指标均等于或优于全国平均水平。

指标 113:保障少数民族受教育权利。继续推动公共教育资源向民族地区倾斜,深入推进教育对口支援。支持民族地区义务教育学校标准化建设,到 2020 年基本实现县域内义务教育均衡发展。为民族地区培养输送农村教师。适当提高东中部省市职业院校招收民族地区学生的比例。重视培养和使用各类少数民族人才。

教育公平进一步落实。2016—2020 年,国家民委直属高校共培养毕业生约 15 万名,其中少数民族毕业生约 9 万名。全国已累计投入资金 7900 多亿元,重点向民族地区等贫困地区倾斜,全国新建改扩建校舍 2.6 亿平方米、体育运动场地 2.5 亿平方米,购置价值 1100 多亿元的设施设备,农村义务教育学校办学条件显著改善,城乡、区域、校际差距进一步缩小,全国 2767 个县通过国家义务教育均衡发展督导评估认定,占比 95.32%。

印发了《中共中央国务院关于全面深化新时代教师队伍建设改革的意见》《乡村教师支持计划(2015—2020 年)》等系列文件。乡村教师特岗计划实施,招聘 95 万名教师,覆盖中西部 1000 多个县、3 万多所农村学校,乡镇寄宿制学校教师配足配齐。师范生公费教育推进,乡村学校"一专多能"教师定向培养加强,每年吸引约 4.5 万人高校毕业生到农村学校任教。

指标 114:尊重和保障少数民族学习使用和发展本民族语言文字的权利。不断提高少数民族语言文字教育水平,在民族地区加强双语教学。保障少数民族公民使用本民族语言文字进行诉讼的权利。

2019 年顺利完结中国语言资源保护工程一期建设。设立了"中国少数民族语言资源保护研究中心",编辑出版了《中国濒危语言志》少数民族语言分册 20 本。

搭建民族语文在线翻译网,成功研发了蒙古、藏、维吾尔、哈萨克、朝鲜、彝、壮 7 语种民族语文智能翻译、语音识别和合成、图像识别三大系统,以及 7 种民族语文手机输入法、民汉对话通、语音转写通等 50 多款具有自主知识产权的民族语文应用软件。

在行政司法、新闻出版、文化教育等领域合法使用少数民族语言文字的权利获得有效保障。

指标 115:保障少数民族的文化权利。保护和传承少数民族传统文化,做好少数民族古籍保护、抢救、整理、出版和研究工作。加强少数民族文艺作品创作生产,鼓励和扶持反映各民族文化交融、创新的现实题材作品。加大民族地区特色文化产业扶持力度。

制定首个少数民族古籍工作国家级行业标准《少数民族文字古籍定级》(GB/T 36748—2018),为少数民族古籍保护、抢救、普查等工作的规范化提供重要依据。启动《中国少数民族文物图谱》和《中国少数民族古籍总目提要》17个民族卷的编纂出版工作。民族八省区 1940 个村落列入了第四、五批中国传统村落名录,实施挂牌保护,共打造中国历史文化名镇 11 个、中国历史文化名村 27 个、历史文化街区超过 170 片、历史建筑超过 4400 处、"中国少数民族特色村寨"932 个。少数民族传统文化得到保护和传承。

定期举办全国少数民族文艺会演、全国少数民族传统体育运动会、全国少数民族文学创作骏马奖评选等,推动少数民族文化体育事业发展,扶持民族地区文化产业发展。

制定《关于进一步加强少数民族传统体育工作的指导意见》《关于加强新时代少数民族医药工作的若干意见》,少数民族传统体育与民族医药事业快速发展。

指标116:修改城市民族工作条例,保障城市中少数民族合法权益。

启动修订《城市民族工作条例》并征求意见,尚未完成修法程序。

持续开展面向少数民族进城务工经商人员的国家通用语言文字培训、政策宣讲、普法宣传等志愿服务,惠及少数民族群众10余万人次。

(二) 妇女权利

指标117:继续促进妇女平等参与管理国家和社会事务。逐步提高女性在各级人大代表、政协委员中的比例,以及在各级人大、政府、政协领导成员中的比例。到2020年,村民委员会成员中女性比例达30%以上,村民委员会主任中女性比例达10%以上,居民委员会成员中女性比例保持在 50% 左右。

第十三届全国人大女代表占代表总数的 24.9%,比上届提高 1.5 个百分点。第十三届全国政协女委员占委员总数的 20.4%,比上届提高 2.6 个百分点。配有正职女干部的市、县级政府领导班子比例稳中有升。2019 年,省、市、县级政府领导班子正职中女干部比例分别为 9.7%、7.5% 和 9.2%,其中省级比例与 2018 年持平,市、县级比例分别提高 1.4 个和 2.3 个百分点。2019 年省、市级政府工作部门领导班子配有女干部的比例分别为 51.2% 和 53.4%,比 2018 年分别提高 0.6 个和 1.4 个百分点。

2019 年村委会主任中女性比例为 11.9%,比 2015 年提高 0.4 个百分点;居委会成员中女性比例为 50.9%,比 2015 年提高 1.7 个百分点。

指标 118:努力消除在就业、薪酬、职业发展方面的性别歧视。将女职工特殊劳动保护作为劳动保障监察和劳动安全监督的重要内容,实行年度考核。

发布《关于进一步规范招聘行为促进妇女就业的通知》,明确不得实施的六种就业性别歧视行为。

2019 年全国女性就业人员占全社会就业人员的比例为 43.2%,比 2015 年上升 0.3 个百分点。城镇单位女性从业人员达到 6684.2 万人，比 2015 年增加 157 万人。

执行《女职工劳动保护特别规定》的企业占比为 69.6%，比 2018 年提高 1.2 个百分点，有待进一步加强。

指标 119：保障妇女的健康权利。完善城乡生育保障制度，向孕产妇提供生育全过程的基本医疗保健服务。到 2020 年，孕产妇死亡率降为 18/10 万，新增产床 8.9 万张，力争增加产科医生和助产士 14 万名。提高妇女常见病筛查率，扩大农村妇女宫颈癌、乳腺癌免费检查覆盖范围。加强流动妇女卫生保健服务。

普及国家免费孕前优生健康检查项目，2020 年为 867 万名计划怀孕夫妇提供免费检查，目标人群覆盖率平均达 96.4%；孕产妇住院分娩率达到 99.9%；孕产妇系统管理率为 92.7%。孕产妇死亡率从 2015 年的 20.1/10 万下降到 2020 年的 16.9/10 万。农村妇女宫颈癌、乳腺癌检查已覆盖全国所有贫困县。妇女常见病筛查率有了大幅提升，2020 年达 86.6%，比 2015 年提高 25 个百分点。

指标 120：保障妇女的婚姻家庭权利。设立男性职工带薪陪护分娩妻子的假期制度。大力发展针对 0—3 岁婴幼儿的托幼机构，为妇女平衡工作与家庭提供支持。保障妇女在婚姻家庭中的财产权益。

全国 31 个（省、区、市）的计划生育条例及相关文件中对男性职工带薪陪护分娩妻子的假期（陪产假）做出了规定。

发布了《关于促进 3 岁以下婴幼儿照护服务发展的指导意见》，对有照护困难的家庭或婴幼儿提供必要的照护服务。

民法典明确夫妻债务共债共签，杜绝夫妻一方"被负债"，完善家务劳动补偿和离婚经济帮助制度。出台了《关于适用〈中华人民共和国民法典〉婚姻家庭编的解释（一）》，指导正确审理婚姻家庭纠纷案件，依法保障妇女财产权益。

指标 121：贯彻落实反家庭暴力法。完善预防和制止家庭暴力多部门合作机制，以及预防、制止和救助一体化工作机制。鼓励和扶持社会组织参与反家庭暴力工作。

发布落实反家庭暴力法的司法解释、法规、政策文件 60 余件，建立了侵害未成年人案件强制报告制度。截至 2019 年，全国法院累计发出人身安全保护令 5749 份；公安机关参与调处化解家庭矛盾纠纷 825 万余起，有效预防制止家庭暴力行为 617 万余起。印发了《关于加强反家庭暴力经常性工作的意见》，各级妇联开展反家庭暴力普法宣传活动 27 万余次,参与活动的妇女群众近 5000 万人次。

指标 122:落实《中国反对拐卖人口行动计划（2013—2020 年）》,有效预防和依法打击拐卖妇女犯罪行为。

实施《中国反对拐卖人口行动计划（2013—2020 年）》。建立了公安部牵头、32 个部委参加的反拐部际联席会议制度。先后与缅甸、越南、老挝等国签署加强打击拐卖犯罪合作政府协定,建立了 8 个"打拐执法合作联络官办公室"。出台并实施《关于审理拐卖妇女儿童犯罪案件具体应用法律若干问题的解释》。2016—2020 年,全国各级法院审结拐卖妇女、儿童罪 3245 件,收买被拐卖的妇女、儿童罪 452 件。

指标 123:预防和制止针对妇女的性骚扰。

民法典明确将性骚扰纳入规制范围,规定违背他人意愿,以言语、文字、图像、肢体行为等方式对他人实施性骚扰的,受害人有权依法请求行为人承担民事责任。制定了《促进工作场所性别平等指导手册》《消除工作场所性骚扰指导手册》,用人单位建立健全性别平等相关制度机制得到进一步推进。

（三）儿童权利

指标 124：修改未成年人保护法。

2020 年通过新修订的未成年人保护法。

指标 125：完善儿童监护制度。构建未成年人关爱社会网络。逐步建立以家庭监护为主体，以社区、学校等有关单位和人员监督为保障，以国家监护为补充的监护制度。完善并落实不履行监护职责或严重侵害被监护儿童权益的父母或其他监护人资格撤销的法律制度。

民法典规定了撤销监护、监护撤销期间应安排临时监护措施，监护撤销后应当按照最有利于被监护人的原则依法指定监护人等内容。建立了学校、家庭、社会"三位一体"的未成年人保护网络。

指标 126：保障儿童健康权。加强出生缺陷综合防治，建立覆盖城乡居民，涵盖孕前、孕期、新生儿各阶段的出生缺陷防治服务制度。加强儿童疾病防治和预防伤害，到2020 年，婴儿死亡率、5 岁以下儿童死亡率分别控制在7.5‰和 9.5‰以内。纳入国家免疫规划的疫苗接种率以乡（镇）为单位保持在 95%以上。继续推行农村义务教育学生营养改善计划。强化学校体育工作，不断提升学生体

质健康水平。加强未成年人心理健康引导。

建立了出生缺陷防治服务制度。每年 600 多万家庭接受免费孕前优生检查,年度目标人群覆盖率超过 80%。唐氏综合征产前血清学、遗传代谢病和听力障碍筛查率分别达到 81.1%、97% 和 86.5%。

实施先天性结构畸形及遗传代谢病救助项目,累计救助出生缺陷患儿 4.1 万名。开展儿童血液病、恶性肿瘤等大病救治管理工作,确定 113 家儿童血液病恶性肿瘤定点医院,建立了 77 个诊疗协作组。2020 年全国婴儿死亡率和 5 岁以下儿童死亡率分别为 5.4‰ 和 7.5‰,较 2015 年分别下降 33.3% 和 29.9%。截至 2020 年,纳入国家免疫规划的疫苗接种率以乡(镇)为单位保持在 90% 以上,5 岁以下人群乙肝病毒表面抗原阳性率已降至 0.32%。

印发了《学校食品安全与营养健康管理规定》。实施农村义务教育学生营养改善计划,覆盖所有国家级贫困县,为近 3800 万名学生提供营养膳食补助。扩大贫困地区儿童营养改善项目覆盖范围,实现所有 832 个国家级贫困县全覆盖,累计 1120 万 6—24 月龄婴幼儿受益。2019 年,项目持续监测地区 6—24 个月婴幼儿平均贫血率和生长迟缓率与 2012 年相比分别下降了 50.5% 和 68.3%,项目有效改善了贫困地区儿童营养状况。

印发了《关于强化学校体育促进学生身心健康全面发展的意见》《综合防控儿童青少年近视实施方案》《关于全面加强和改进新时代学校体育工作的意见》。大力推动足球、篮球、排球等集体项目,积极推进田径、游泳、体操等基础项目及冰雪运动等特色项目,广泛开展乒乓球、羽毛球、武术等优势项目,学校体育政策制度建设得到加强。

修订《中小学心理健康教育指导纲要》,印发《中小学德育工作指南》,将心理健康教育纳入德育工作内容强化了未成年人心理健康引导。

指标 127:加强儿童财产权益保护。依法保障儿童的财产收益权和获赠权、知识产权、继承权、一定权限内独立的财产支配权。

民法典对限制民事行为能力的未成年人独立实施纯获利益的民事法律行为或者与其智力、精神健康状况相适应的民事法律行为的效力予以肯定和保护。民法典规定的遗产继承和接受赠与等胎儿利益保护、代位继承制度、遗嘱应当为缺乏劳动能力又没有生活来源的继承人保留必要的遗产份额等内容,为儿童权益保护提供了法律依据。

指标 128:加强校园及周边社会治安综合治理,加强

校车安全管理,预防和制止校园暴力。

《加快推动全国中小学幼儿园安全防范建设三年行动计划》进一步得到落实。中小学周边"高峰勤务""护学岗"机制进一步完善。针对偏远农村、城乡结合部中小学安保力量不足的现状,发动村干部、学校教职员工、学生家长组成护学队伍,维护校园门口治安秩序。开展"全国中小学生安全教育日"主题活动。全国涉校刑事案件实现 8 年连降。

2016—2020 年,全国共审查通过校车驾驶资格申请 15.3 万人,全国取得有效校车标牌的专用校车 13.2 万辆,检验率达到 100%,从源头消除校车隐患。

印发《关于防治中小学生欺凌和暴力的指导意见》《加强中小学生欺凌综合治理方案》《关于严禁管制刀具等危险品进入校园的通知》,预防和制止校园暴力的部门责任、处置程序得到明确,相关教育惩戒体系、协调机制、预防措施等进一步完善。落实预防未成年人犯罪法,严密学校周边治安管理,强化常态化巡逻防控,涉校欺凌案事件一有苗头即及时发现和处置。对情节恶劣的施暴学生实施训诫,对涉嫌违法犯罪的学生暴力事件,教育矫治工作落实更好。定期组织民警深入学校开展反欺凌、反暴力等法治宣传教育,增强安全素养和法治意识。

指标 129：创造有利于儿童参与的社会环境。鼓励并支持儿童参与家庭、学校和社会事务,畅通儿童参与和表达渠道。

召开中国少年先锋队第八次全国代表大会,来自全国的 415 名少先队员参会,其中包括 56 个民族的少先队员代表、残疾少先队员代表、归国华侨子女少先队员代表等。广泛听取、及时反映少年儿童的成长诉求,引导少年儿童了解并有序参与国家政治生活。

充分发挥少先队岗位的激励作用,锻炼培养少先队员民主参与意识和自主实践能力。以学校为主阵地,在现有的少先队大队委、中队委、小队长等岗位基础上,根据不同年龄段特点,增设形式多样的少先队服务岗位。每学年进行大队委、中队委、小队长改选,定期进行服务岗位轮换,为"人人能服务、个个都成长"创造更多机会,放手锻炼少先队小干部小骨干的自主实践能力,引导少先队员在辅导员的指导下自主管组织、自主建阵地、自主搞活动。

指标 130：保障儿童享有闲暇和娱乐的权利。加强社区儿童活动和服务场所建设,到 2020 年,"儿童之家"覆盖90%以上的城乡社区。确保街道和乡镇配备 1 名以上专职或者兼职儿童社会工作者。**标本兼治减轻学生课业负担。**

截至2020年,建成"儿童之家"32万余所,为儿童提供了游戏与教育为一体的安全活动空间。

基层儿童工作队伍建设得到加强。截至2020年,全国共有5.6万名乡镇(街道)儿童督导员,67.5万多名村(社区)儿童主任,实现了全覆盖。编写《儿童督导员工作指南》(指导版)和《儿童主任工作指南》(指导版),指导各地加强对儿童督导员、儿童主任培训,着力提升办理未成年人相关事务和关爱服务能力。

指标131:关爱困境儿童。全面构建覆盖市、县、乡镇(街道)、社区四级儿童福利保障和服务体系,实施县级儿童福利机构和未成年人保护机构建设规划。健全困境儿童保障制度。进一步完善孤儿保障制度。提高受艾滋病影响儿童和服刑人员未满18周岁子女的生活、受教育、医疗等权利保障水平。加大对农村留守儿童的关爱保护力度。

儿童保障和服务体系进一步健全。截至2020年,全国共设有儿童福利机构1217家。儿童福利机构集中养育对象从孤儿拓展到事实无人抚养儿童,并积极拓展面向残疾儿童、受艾滋病影响儿童、服刑和强制戒毒人员子女等群体的外展服务。

2019 年起中央财政补助东、中、西部孤儿生活费标准分别提高至每人每月 300 元、450 元、600 元,提高幅度达 50%。截至 2020 年,全国共有孤儿 19.4 万人,其中机构内集中养育 6 万人,占全国孤儿总数的 30.9%。印发了《关于进一步加强事实无人抚养儿童保障工作的意见》。截至 2020 年,已有 25.3 万名事实无人抚养儿童被纳入保障范围,平均保障标准为每人每月 1140 元。孤儿保障制度进一步完善。

印发《关于加强农村留守儿童关爱保护工作的意见》《关于进一步健全农村留守儿童和困境儿童关爱服务体系的意见》,构建了农村留守儿童和困境儿童关爱服务体系。截至 2020 年,全国共有农村留守儿童 643.6 万名,较 2016 年下降 28.6%。

指标 132:建立儿童暴力伤害的监测预防、发现报告、调查评估、处置、救助工作运行机制。依法打击拐卖、虐待、遗弃儿童,利用儿童进行乞讨,以及针对儿童的一切形式的性侵犯等违法犯罪行为。严厉惩处使用童工和对儿童进行经济剥削的违法行为。

通过实施反家庭暴力法、刑法修正案(九)、刑法修正案(十一),加大对虐待、拐卖、性侵儿童犯罪的惩治力度,儿童人身权益的制度保护进一步完善。发布《建立侵害未成年人案件强制报告制度的意见（试行）》，规定性侵、虐待、欺凌、遗弃、拐卖等9类强制报告情形。建立起打拐解救儿童寻亲和收养制度、儿童失踪快速查找机制，加大了收买被拐卖妇女儿童的处罚力度。打击操纵未成年人从事流浪乞讨和操纵胁迫聋哑青少年从事盗窃等行为。拐卖儿童犯罪得到有效遏制。"互联网+反拐"工作开展效果越来越好，2016年5月建成公安部儿童失踪信息紧急发布平台，找回4707名儿童，找回率98%。

印发了《关于建立教职员工准入查询性侵违法犯罪信息制度的意见》。建立并完善全国性侵违法犯罪信息数据库，累计录入性侵类违法犯罪案件41万余起，目前该项工作已在天津、吉林、江苏、重庆等地完成试点。公安部与多部门协作积极推广性侵未成年人案件"一站式取证"试点工作，在全国建立"一站式取证"工作点300余家。

落实《禁止使用童工规定》，劳动保障监察执法力度加大，对用人单位的监督检查加强，用人单位违法使用童工行为依法查处力度增大。

指标133：最大限度地降低未成年犯罪嫌疑人的批捕率、起诉率和监禁率。改革少年审判和家事审判工作制度，

建立儿童司法保护和行政保护衔接机制。继续做好犯罪未成年人社区矫正工作。

2016—2020 年,未成年犯罪嫌疑人不捕率分别为 31.7%、33.6%、34.1%、34.4%和 39.1%,附条件不起诉适用率分别为 8.0%、10.1%、12.2%、12.5%和 20.9%。

2020 年底,全国人大对未成年人保护法和预防未成年人犯罪法进行了修改,从国家层面就儿童司法与行政保护衔接建立协调机制。

2019 年通过社区矫正法,对未成年社区矫正设置专章予以特殊规定。2020 年施行《社区矫正法实施办法》,进一步细化未成年人社区矫正工作。

(四) 老年人权利

指标 134:全面建成以居家为基础、社区为依托、机构为补充,功能完善、规模适度、覆盖城乡、医养结合的养老服务体系。全面放开养老服务市场,通过购买服务、股权合作等方式支持各类市场主体增加养老服务和产品供给。到 2020 年,养老服务设施覆盖90%以上城镇社区和60%以上农村社区。

2016—2020 年,养老服务体系建设累计安排中央预算内投资 186 亿元;安排 50 亿元,支持 203 个地区推进居家和社区养老服务改革试点。截至 2020 年,全国养老机构和设施总数达到 31.9 万个,社区养老服务基本覆盖城市社区和半数以上农村社区。

指标 135:健全防治结合、多元发展的老年医疗卫生服务体系,提高老年人健康服务可及性和老年人健康管理率。建立完善老年人监护制度。

发布了《关于建立完善老年健康服务体系的指导意见》。开展老年健康促进行动,实施老年人心理关爱项目,加强了老年人基本公共卫生服务供给。截至 2019 年,全国 65 岁以上老年人健康管理人数超过 1 亿人。民法典进一步明确了成年人法定监护制度和成年人意定监护制度。

指标 136:加强老年人优待工作,完善老年人社会福利制度和救助制度。全面建立针对经济困难高龄、失能老年人的补贴制度。

各级人民政府全面建立健全老年人优待政策,老年人在卫生保健、交通出行等方面享受了优先优惠和便利服务。实现了经济困难的高龄、失能等老年人补贴制度省级全覆盖。

截至 2020 年末,城乡居民基本养老保险参保人数超过

5.42 亿人,其中包括 6870 万原建档立卡贫困人员、低保对象、特困人员。自 2017 年实施城乡居民基本养老保险费代缴政策以来,共为 1.19 亿人次困难人员代缴 129 亿元,基本实现贫困人口应保尽保。按月领取城乡居民基本养老保险待遇的老人 16068 万人,其中贫困老人 3014 万人。

指标 137：建立健全老年宜居环境政策法规和标准规范体系。继续提高新建公共设施和涉老设施无障碍率,推进老年宜居环境建设。推进服务老年人的公共文化设施建设。继续扩大公共文化机构向老年人免费开放项目,增加老年人公共文化产品供给。加强社区养老服务设施与社区体育设施的功能衔接。支持社区利用公共服务设施和社会场所组织开展适合老年人的体育健身活动。

各级各类公共文化设施基本实现了免费向老年人开放。截至 2019 年,全国共有公共图书馆 3196 个、群众文化机构 44073 个,普遍开设了便于老年人参与的服务项目。

印发了《城市居住区规划设计标准》《城镇养老设施规划标准》《建筑设计防火规范》《老年人照料设施建筑设计标准》。公共文化设施的适老化改造进一步推进,老年文化站、老年学校等老年公共文化设施建设得到加强,建有老年学校的乡镇（街道）比例达到 50%。

指标 138：大力支持老年社会组织发展。进一步扩大基层老年协会在城乡社区的覆盖率,提高老年人参与社会发展的意愿与程度。

截至 2020 年,全国共有各级各类老年大学(学校、学习点)7 万多所(个),建成 29 所省级老年开放大学,高校第三年龄大学联盟成员单位已包括 221 所院校。在全国 46698 个村(社区)设立老年教育学习点。基层老年协会约 55 万个,全国老年志愿者注册人数 1600 多万。

(五) 残疾人权利

指标 139：全面实施困难残疾人生活补贴和重度残疾人护理补贴制度。符合条件的残疾人家庭以及生活困难靠家庭供养且无法单独立户的成年无业重度残疾人按规定纳入最低生活保障。逐步扩大基本医疗保险支付的医疗康复项目范围。建立残疾儿童康复救助制度。有条件的地方可以为贫困、重度残疾人基本型辅助器具配置给予补贴。优先保障残疾人基本住房。实现残疾人基本民生兜底保障。

在全国范围内实现了残疾人两项补贴政策全覆盖。发布《关于进一步做好困难群众基本生活保障有关工作的通知》,明确低收入家庭中的重残人员、重病患者等特殊困难人员,经本人申请,参照单人户纳入低保。发布了《关于改革完善社会救助制度的意见》,建立分层分类、城乡统筹的中国特色社会救助体系,保障低收入家庭重度残疾人的基本生活。

发布了《关于新增部分医疗康复项目纳入基本医疗保障支付范围的通知》。全国 31 个省(区、市)已全部制定地方性政策,在原有 9 个的基础上,将新增 20 项医疗康复项目纳入基本医疗保险支付范围。

印发《关于建立残疾儿童康复救助制度的意见》及《"孤儿医疗康复明天计划"项目实施办法》,在全国范围内建立实施残疾儿童康复救助制度。自 2018 年以来,为 67.7 万人次残疾儿童提供康复救助,并为孤残儿童实施医疗康复服务。儿童福利机构抚养的 0—6 岁儿童和社会散居孤儿已全部纳入残疾儿童康复救助体系。

截至 2020 年,北京等 12 个省(区、市)制定省级残疾人基本辅助器具适配补贴制度,河北等 13 个省(区、市)在部分地市或区县开展残疾人基本辅助器具适配补贴制度建设试点。

2016—2020 年,累计完成建档立卡贫困户农村危房改造 522.4 万户,支持低保户、分散供养特困人员、贫困残疾人家庭 242.4 万户改造危房。

指标 140：开展残疾人康复服务。制定实施《残疾预防和残疾人康复条例》。为残疾人提供基本康复服务，以残疾儿童和持证残疾人为重点，实施精准康复服务。加强省、市、县级残疾人专业康复机构建设，支持二级综合医院转型建立以康复医疗为主的综合医院或康复医院，建立医疗机构与残疾人专业康复机构双向转诊制度。广泛开展残疾人社区康复。建设康复大学，培养康复专业技术人才。

制定《残疾预防和残疾人康复条例》。出台《残疾人精准康复服务行动实施方案》《残疾人基本康复服务目录（2019 年版）》，为残疾儿童和持证残疾人提供基本康复服务。2016—2020 年，累计为 4330 万残疾人次提供了基本康复服务。

发布了《残疾人社区康复工作标准》。截至 2020 年，全国共有 2726 个县（市、区）开展残疾人社区康复服务。

2019 年 6 月，康复大学（筹）正式揭牌。2016—2020年，组织开展全国残联系统康复专业人才实名制培训，共培训国家级康复专业人才超过 1.8 万人次。

指标 141：推进精神障碍患者社区康复服务。到 2020年，基本实现每个地级市拥有 1 所精神卫生社会福利机构，

70%以上的县（市、区）设有精神障碍社区康复机构或通过政府购买服务等方式委托社会组织开展康复工作。

印发了《关于加快精神障碍社区康复服务发展的意见》。多渠道筹集资金支持地方精神病院新建、迁建、改扩建项目。

指标142：提升残疾人受教育水平。完善特殊教育学校布局，健全随班就读支持保障体系，努力为残疾儿童提供全纳教育，提供包括义务教育和高中阶段教育在内的12年免费教育，建立为不能到校学习的重度残疾儿童送教上门服务的制度。

修订《残疾人教育条例》，明确以融合（全纳）教育为主的残疾人教育原则。实施《特殊教育提升计划（2014—2016年）》《第二期特殊教育提升计划（2017—2020年）》。实现家庭经济困难的残疾学生12年免费教育，部分省（区、市）实现残疾学生15年免费教育。2016—2020年共有5.75万名残疾学生进入普通高等院校就读。

指标143：完善残疾人就业创业扶持政策，健全公共机构为残疾人提供就业岗位制度。加大对残疾人自主创业、灵活就业、辅助性就业、网络就业的政策扶持力度。加强残疾人就业培训与服务，为中西部地区50万名农村贫困残疾人提供实用技术培训,实现城镇新增 50 万残疾人就业。

发布《关于促进残疾人就业增值税优惠政策的通知》,对符合条件的集中安置残疾人用人单位和个体工商户,实行由税务机关按纳税人安置残疾人的人数,限额即征即退增值税的办法。出台了《关于完善残疾人就业保障金制度更好促进残疾人就业的总体方案》,截至 2020 年,残疾人灵活就业(含社区、居家就业)已达 238.8 万人。发布《关于扎实做好疫情防控常态化背景下残疾人基本民生保障工作的指导意见》,扶持安置残疾人就业的各类企业,加大残疾人生产复工、稳岗就业扶持力度。

建立了 5 万多名残疾人就业基层指导员队伍。2016—2020 年,各级残联共服务残疾人毕业生近 8 万人,就业率超过 60%。2016—2020 年,共计走访登记失业残疾人142 万余人,举办各种类型招聘会 1.6 万余次,帮助实现就业近 20 万人。2016—2020 年,残疾人就业规模保持稳定,城乡新增残疾人就业 180.8 万人。为 373.6 万人次城乡残疾人提供职业技能培训。

指标 144:加强残疾人文化权益保障。增加在公共文化场所配备适合残疾人使用的文化娱乐器材。有条件的公

共图书馆全部设置盲人阅览区域或阅览室。鼓励盲用读物和残疾人题材图书出版。实施《国家手语和盲文规范化行动计划（2015—2020 年）》。

为 404 家公共图书馆配置了 19660 台智能听书机，向盲人读者开展免费循环借阅服务。面向西藏、新疆、宁夏等 26 个省（区、市）及地、县 1436 家公共图书馆、20 个省（区、市）及地、县盲协主席 3989 人次开展业务培训。推动将残疾人文化服务纳入农家书屋建设。至 2020 年底，省市县三级公共图书馆建设盲文及盲人有声读物阅览室达 1258 家，座席 2.8 万个，盲文图书藏量 100 多万册，视听文献 126.6 万盘。

2016—2020 年，累计出版盲文读物 5016 种 14904 万印张；累计出版有声读物 3519 种 9939 小时，多媒体有声读物 599 种 3503 小时，DAISY 有声书 53 种 910 小时；累计出版大字读物 1158 种 149 万册 1696.88 万印张；累计制作无障碍影视作品 610 部；扶持 46 种残疾人题材图书翻译出版。

发布《国家通用手语常用词表》《国家通用盲文方案》，修订《汉语手指字母方案》等语言文字规范，建设手语、盲文语料库，开展手语信息采集。

指标 145：全面推进无障碍环境建设。确保新（改、扩）建道路、建筑物和居住区配套建设无障碍设施，推进已建设施无障碍改造。加强政府和公共服务机构网站无障碍改造，推动食品药品信息识别无障碍和影视节目加配字幕、手语，促进电信业务经营者、电子商务企业等为残疾人提供信息无障碍服务。进一步完善残疾人驾车服务措施。加大贫困重度残疾人家庭无障碍改造工作力度。

全国 20 个省（区、市）出台《无障碍环境建设条例》实施办法，全国省、地（市）、县共制定无障碍环境与管理法规、政府令和规范性文件 674 部。发布《无障碍设计规范》《无障碍设施施工验收及维护规范》等综合性标准规范。在《民用建筑统一设计标准》《住宅设计规范》《公园设计规范》等国家和行业标准中，无障碍设施建设要求进一步明确。在城镇支持加装电梯和无障碍环境建设。全国贫困重度残疾人家庭无障碍改造惠及 65 万人。

印发了《关于加强网站无障碍服务能力建设的指导意见》《关于支持视力、听力、言语残疾人信息消费的指导意见》《关于推进信息无障碍的指导意见》《互联网应用适老化及无障碍改造专项行动方案》。自 2016 年以来，共有 800 多家政府单位完成了信息无障碍公共服务平台建设，3.2 万多个政务和公共服务网站实现了无障碍服务。推动基础电信企业对残疾人使用移动电话、宽带网络服务等费用予以适当优惠,鼓励国内电子商务企业帮助残疾人就业,为残障人士提供包括云客服等多种在线岗位;指导发布《信息技术互联网内容无障碍访问技术要求与测试方法》等多项信息无障碍国家标准。

修改《机动车驾驶证申领和使用规定》,印发《关于切实做好单眼视力障碍人士和上肢残疾人驾驶汽车相关工作的通知》,使配戴助听器的听力残疾人、单眼视障、单手缺失和下肢残疾的残疾人均可驾驶汽车。推动残疾人驾车无障碍化改造。

指标 146:完善残疾人获得法律援助、法律服务和司法救助制度。严厉打击侵犯残疾人合法权益的违法犯罪行为。畅通残疾人群体的利益表达渠道。

发布了《关于"十三五"加强残疾人公共法律服务的意见》。2016—2020 年,全国法律援助机构共为残疾人提供法律援助 27 万人次、法律咨询 107.5 万人次。最高人民法院公布了 10 起残疾人权益保障典型案例,发挥司法裁判对社会的示范引领作用。印发了《关于在审判执行工作中切实维护残疾人合法权益的意见》。2019 年,各级检察机关起诉侵害残疾人权益犯罪 5928 人。全国 345 个地级以上城市全部开通12385残疾人服务热线。建立残疾人信访信息系统,推动残疾人信访信息系统开通到县,实现信访事项网上全流转。

四、人权教育和研究

2016—2020 年,中国政府采取加强人权教育、新增人权研究平台等举措,有效提升全社会尊重和保障人权意识。同时,人权知识在社会中的普及水平还需进一步提高。

指标 147:落实《关于完善国家工作人员学法用法制度的意见》,把人权教育作为加强国家工作人员学法用法工作重要内容。将人权知识纳入党委(党组)的学习内容,列入各级党校、干部学院、行政学院的课程体系,列为法官、检察官、警察等公职人员入职、培训必修课。

人权知识纳入了党委(党组)的学习内容,列入党校、干部学院、行政学院的课程体系,列为法官、检察官、警察等公职人员入职、培训必修课。自 2016 年 1 月至 2020 年 12 月,国务院新闻办公室和 8 家国家人权教育与培训基地共举办 220 期全国性人权知识培训班,培训对象达 31000 余人。司法机关在业务培训中近 200 次请人权专家授课。

指标 148:把人权知识纳入国民教育内容。以灵活多

样的形式将人权知识融入中小学教育教学活动中。面向幼儿教师、中小学教师开展人权知识培训。

加强中小学生人权知识教育，在授课中纳入人权内容，其中初中和高中思想政治课教材设有关于尊重和保障人权的专门章节。

2016 年出版了《儿童权益保护教学手册（中学版）》《儿童权益保护教学手册（小学版）》《楠楠和凯凯的故事（中学版）》《楠楠和凯凯的故事（小学版）》等中小学人权教材及读物，并对中小学教师进行人权知识培训。

指标 149：继续支持高校开展人权通识教育，进一步加强人权方面的学科和方向研究生的招生和培养。提升高校、科研院所开展人权重大理论与实践问题研究的能力，设立人权理论研究国家科研专项。

支持高校开发开设人权教育相关课程，全国共有 60 余所高校开设专门的人权课程。西南政法大学等高校依托在线平台积极推动优质人权课程资源共享。招收人权法研究方向硕士博士研究生。多途径支持高校专家学者开展中国特色人权理论研究。设立了人权研究重大专项课题 40 余项。

指标 150：支持和鼓励企事业单位加强人权教育、培

训,培育人权文化,在境内外投资中将尊重和保障人权作为决策的重要考虑因素。

2016—2020 年,举办多期针对大型企业人员的人权知识培训班。中国纺织工业联合会与缅甸中国企业商会等机构合作,在缅甸、柬埔寨等国举办多场对管理者的人权教育与培训。中国五矿化工进出口商会举办系列培训,系统学习国际负责任商业行为规则,掌握工商业与人权重点议题和供应链合规管理要点。

指标 151:规范国家人权教育与培训基地工作。到2020 年,再增加 5 家人权教育与培训基地。规范基地管理,创新基地运作模式,加强人才队伍建设,建设中国特色新型高端人权智库。

2020 年,北京理工大学科技与人权研究中心、华中科技大学人权法律研究院、吉林大学人权研究中心、西北政法大学人权研究中心、中南大学人权研究中心、东南大学人权研究院入选第三批国家人权教育与培训基地。中国现共有14 家国家人权教育与培训基地。将国家人权教育与培训基地纳入教育部人文社会科学重点研究基地管理序列,给予重大项目支持。

指标 152:开展设立国家人权机构必要性与可行性

研究。

委托相关高校和智库单位针对人权机构的模式选择、职责范围、实施步骤等方面开展设立符合中国实际的国家人权机构的必要性与可行性研究。

指标 153：支持新闻和网络媒体设立人权专题频道或栏目，普及人权知识，传播人权理念。

中央和地方新闻媒体积极开展人权报道，中国人权研究会、中国人权网大力宣传普及人权知识，依法保障人权观念深入人心。《人权》《人权研究》《中国人权评论》《残障权利研究》等人权刊物及人权专著、译著质量不断提升。

五、国际人权条约履行和
国际交流合作

2016—2020 年,中国政府认真履行已加入的国际人权条约,积极开展国际人权交流与合作,推动了国际人权事业健康发展。同时,在批准《公民及政治权利国际公约》的准备工作方面还需进一步加强。

指标 154:撰写《经济社会文化权利国际公约》第三次履约报告,并提交联合国经济、社会和文化权利委员会审议。

2019 年 12 月,向联合国经济、社会及文化权利委员会提交了《中国执行〈经济、社会及文化权利国际公约〉第三次履约报告》。

指标 155:撰写《禁止酷刑和其他残忍、不人道或有辱人格的待遇或处罚公约》第七次履约报告,并提交联合国禁止酷刑委员会审议。

2019 年，启动了《禁止酷刑和其他残忍、不人道或有辱人格的待遇或处罚公约》第七次履约报告撰写工作，但尚未提交审议。

指标 156：撰写《消除一切形式种族歧视国际公约》第十四次至第十七次合并履约报告，并提交联合国消除种族歧视委员会审议。

2017 年 1 月，向联合国消除种族歧视委员会提交了《中国执行〈消除一切形式种族歧视国际公约〉第十四至十七期合并履约报告》。2018 年 8 月，与联合国消除一切形式种族歧视委员会展开履约审议对话。

指标 157：撰写《消除对妇女一切形式歧视公约》第九次履约报告，并提交联合国消除对妇女歧视委员会审议。

2020 年 3 月，向联合国消除对妇女歧视委员会提交了《中国执行〈消除对妇女一切形式歧视公约〉第九次履约报告》。

指标 158：撰写《儿童权利公约》第五次履约报告，包括《〈儿童权利公约〉关于买卖儿童、儿童卖淫和儿童色情制品问题的任择议定书》《〈儿童权利公约〉关于儿童卷入武装冲突问题的任择议定书》相关内容，并提交联合国儿童权利委员会审议。

2019 年,启动了《儿童权利公约》第五次、第六次合并报告(包括两个任择议定书相关内容)的撰写工作,但尚未提交审议。

指标 159:撰写《残疾人权利公约》第二次履约报告,并提交联合国残疾人权利委员会审议。

2018 年 8 月,向联合国残疾人权利委员会提交了《中国执行〈残疾人权利公约〉第二、三次合并履约报告》。2020 年 9 月至 12 月,根据联合国残疾人权利委员会提出的履约报告问题清单,撰写提交答复材料。

指标 160:继续推进相关法律准备工作,为批准《公民及政治权利国际公约》创造条件。

全面推进依法治国,建设社会主义法治国家。一批重要法律和有关法律问题的决定相继出台,进一步加强相关方面工作,为批准《公民及政治权利国际公约》创造条件。

指标 161:全面参与联合国人权机制工作,推动联合国人权理事会等机制同等重视经济、社会、文化权利和公民、政治权利,以公正、客观和非选择性方式开展工作。

参加联合国人权理事会第 31 次至 45 次会议、第 71 届至 75 届联合国大会第三委员会会议等重要多边人权会议,倡导以和平促人权、以发展促人权、以合作促人权、以公平促人权,反对将人权问题政治化和采取双重标准,推动构建更加公平公正合理包容的全球人权治理体系。人权理事会多次通过中国提出的"发展对享有所有人权的贡献""在人权领域促进合作共赢"等决议。

指标 162:认真落实中国在人权理事会第一轮、第二轮国别人权审查中接受的建议,积极参与第三轮国别人权审查。

顺利通过联合国人权理事会第三轮国别人权审议,中国人权事业的发展进步得到 120 多个国家肯定。接受各国提出的建议 284 条,占建议总数的 82%。

指标 163:与人权理事会特别机制开展合作。认真答复特别机制来函。根据接待能力,邀请有关特别机制访华。继续推荐中国专家竞聘特别机制。

及时答复人权理事会特别机制来函,接待了人权理事会极端贫困与人权问题特别报告员、老年人权利问题独立专家访华。积极参与人权理事会下属的发展权工作组、社会论坛、工商业与人权论坛等机制工作,推荐中国专家竞聘特别机制,李月芬女士于 2020 年 5 月 1 日就任联合国外债与人权问题独立专家。

指标 164：与联合国人权高级专员办公室开展交流与合作。

同联合国人权事务高级专员及其办公室保持建设性接触。2018 年起，每年向联合国人权高级专员办公室捐款 80 万美元。

指标 165：在平等和相互尊重基础上与有关国家开展人权对话。加强与金砖国家、发展中国家、发展中国家集团人权磋商与合作，向有需要的发展中国家提供人权技术援助。

自 2016 年 9 月以来，与欧盟、英国、德国、瑞士、新西兰、荷兰等举行了近 20 次人权对话，与澳大利亚开展人权技术合作。与俄罗斯、古巴、巴基斯坦、巴西、南非、马来西亚、非盟、上海合作组织等开展 10 余次人权磋商与交流。

指标 166：参与亚欧非正式人权研讨会等区域、次区域人权交流活动。主办 2016 年亚欧非正式人权研讨会。办好北京人权论坛、中欧人权研讨会、中德人权研讨会、中美司法与人权研讨会。

2016 年，主办了第 16 次亚欧非正式人权研讨会暨指导委员会会议。2016 年，举办了纪念《发展权利宣言》通过 30 周年国际研讨会。2017 年、2019 年，举办了两届"南南人权论坛"。举办了"2018·北京人权论坛"、4次中欧人权研讨会、4次中美司法与人权研讨会。

指标167：推动中国海外企业在对外经贸合作、援助、投资中遵守驻在国法律，履行社会责任。

国家发展和改革委员会、商务部等部门自2016年以来推出了一系列要求海外投资企业履行社会责任的政策，包括倡导"一带一路"的参与企业遵循联合国全球契约提出的十大原则，中国的纺织、矿业、海外承包工程、通信等行业也陆续推出了行业层面的指导海外投资企业履行社会责任以及开展负责任投资的行业标准与指引文件。

指标168：支持和推动民间组织参与国际人权交流与合作，为推动国际人权事业健康发展作出民间贡献。

2018年，中国民间组织国际交流促进会接待突尼斯人权联盟代表团访华，举办工作座谈、专题研讨会，进行实地参观，开展人权交流。中国残联、全国妇联等相关组织在金砖国家民间社会论坛、二十国集团民间社会会议、亚欧人民论坛等多边活动中积极开展人权交流合作。

中国扶贫基金会、中国国际交流协会、中国民间组织国际交流促进会、北京青少年法律援助与研究中心、北京致诚农民工法律援助与研究中心等中国社会组织代表多次出席联合国人权理事会会议并发言,举办多场主题边会,积极宣介中国人权理念和进步实践。

图书在版编目(CIP)数据

《国家人权行动计划(2016—2020年)》实施情况评估报告/中国人权研究会,
　西南政法大学人权研究院 著.—北京:人民出版社,2021.10
ISBN 978－7－01－023884－5

Ⅰ.①国…　Ⅱ.①中…②西…　Ⅲ.①人权-研究报告-中国-2016—2020
　Ⅳ.①D621.5

中国版本图书馆 CIP 数据核字(2021)第 211598 号

《国家人权行动计划(2016—2020年)》实施情况评估报告
GUOJIA RENQUAN XINGDONG JIHUA (2016—2020 NIAN) SHISHI QINGKUANG PINGGU BAOGAO

中国人权研究会　西南政法大学人权研究院　著

人民出版社 出版发行
(100706　北京市东城区隆福寺街 99 号)

中煤(北京)印务有限公司印刷　新华书店经销

2021 年 10 月第 1 版　2021 年 10 月北京第 1 次印刷
开本:787 毫米×1092 毫米 1/16　印张:8.5
字数:64 千字

ISBN 978－7－01－023884－5　定价:40.00 元

邮购地址 100706　北京市东城区隆福寺街 99 号
人民东方图书销售中心　电话 (010)65250042　65289539